MEDARDO MEJÍA
CINCHONERO

ERANDIQUE

COLECCIÓN

CINCHONERO
Medardo Mejía

©Colección Erandique
Supervisión Editorial: Óscar Flores López
Diseño de portada: Andrea Rodríguez-Lilyana Gálvez
Administración: Tesla Rodas y Jessica Cordero
Director Ejecutivo: José Azcona Bocock

Primera Edición
Tegucigalpa, Honduras—mayo de 2024

SERAPIO ROMERO, CINCHONERO

Los fusilamientos masivos y la Ahorcancina en los bosques olanchanos (más de mil doscientos fueron colgados, según le diría el expresidente Marco Aurelio Soto al escritor Froylán Turcios), ordenados en 1865 por el presidente José María Medina, Medinón, para ponerle fin al levantamiento que se opone a los diezmos y primicias decretados por el gobierno, no logran aniquilar el espíritu de rebeldía popular.

Durante tres años, el pueblo, encabezado por Serapio Romero, pone en jaque a las fuerzas militares de Medinón.

El gobierno trata de capturarlo por todos los medios, hasta que el joven campesino, conocido como Cinchonero, cae preso en combate.

Tiene apenas treinta y cuatro años cuando es sometido a juicio en Juticalpa.

Le preguntan a qué se dedica y responde: "Soy profesor en toda clase de oficios".

Se sabe que fabrica cinchos de cuero. De allí el sobrenombre con el que será recordado para siempre: Cinchonero.

Es el 22 de julio. Luce sereno, sin un asomo de miedo en los ojos. Entre las acusaciones sobresale el asalto al cuartel de Juticalpa, realizado trece días antes.

No niega las acusaciones… y más bien explica sus motivos.

"Nuestra revolución busca quitar del poder al general José María Medina", confiesa. "Él no es querido por el pueblo".

Nacido en Guarizama, departamento de Olancho, se dice que fue soldado raso asignado a Juticalpa.

El escritor Medardo Mejía explicaba que "En Guarizama había una joven llamada María, hija del general Bernabé Antúnez, que enseñaba el abecedario a los niños. Ella era, además, una discreta revolucionaria que se oponía a las tributaciones que, abolidas por Francisco Morazán en las Vueltas del Ocote, son impuestas desde que empezó el gobierno de Medinón".

La maestra enciende la llama de la rebeldía en el corazón de Serapio Romero. Cuando los generales Antúnez y Zavala son asesinados, Cinchonero asume el liderazgo de la rebelión.

A partir de entonces, Cinchonero comienza a luchar por los pobres…

Después de tres años de insurrección, Cinchonero es capturado en el combate de la Cuesta de Cacao.

De allí fue entregado al inspector general de Olancho, señor León García.

Sometido a juicio, es fusilado y luego decapitado. Su cabeza sería hervida en aceita y posteriormente clavada en una pica. Es una advertencia de Medinón para todo aquel que quiera hacerle frente.

El historiador, poeta, escritor, patriota y periodista Medardo Mejía rescató del olvido ese hecho histórico en su obra cumbre Los Diezmos de Olancho, una trilogía dividida en: La Ahorcancina, Cinchonero y Medinón.

Después de más de cuarenta años de ser publicada, Colección Erandique realiza esta reedición de la obra completa de Medardo Mejía, con portadas ilustradas con acuarelas del artista César Román Murillo.

Gracias a la generosidad de doña Victoria Mejía, hija de don Medardo, la creación literaria de uno de los escritores hondureños más importantes, llega a los estantes de las principales librerías del país, lo que permitirá que las nuevas generaciones puedan disfrutarla.

Este segundo tomo de los Diezmos de Olancho relata cómo Cinchonero se convirtió en un líder popular, su lucha y su muerte.

Para Colección Erandique es una alegría inmensa publicar la obra del maestro Medardo Mejía… ¡Y un honor!

Óscar Flores López
Editor

A dos olanchanos:

**ROBERTO GOMEZ ROBELO
y GUILLERMO EMILIO AYES**

PERSONAJES

CINCHONERO (Serapio Romero): Jefe de la insurrección campesina de la región de Olancho en 1868.

MARÍA SERRANO: Maestra de la Escuela Rural de Guarizama.

CIRILO MENDOZA: Oficial encargado de ejecutar a Williams Walker en Trujillo, en 1860.

GUILEBALDO REYES: Caudillo del Distrito del Yocón.

GABRIEL CÁRCAMO: Caudillo del distrito de Manto.

AGATÓN RAMOS: Caudillo del Valle de Agalta.

JULIÁN ESCOBAR: Caudillo de Concordia, andariego, maromero, tahúr y mujeriego.

PUEBLO OLANCHANO: Impetuoso como los atajos y las novilladas en los llanos.

***

DON PEDRO FERNÁNDEZ: Comandante de Armas de Olancho.

DOÑA DOLORES GARAY DE FERNÁNDEZ: Esposa del general Pedro Fernández.

NAZARIO GARAY: Mayor de Plaza de Juticalpa.

DOÑA IRENE ZELAYA DE GARAY: Esposa del coronel Nazario Garay.

PADRE RAFAEL BECERRA: Cura Párroco de Juticalpa y administrador general de los bienes de la Iglesia en Olancho.

MERCEDES FERNÁNDEZ: Hermana del general Pedro Fernández.

FRANCISCO DE PAULA FLORES: Patriota cubano, maestro de escuela en Juticalpa.

CATEDRAL: Nodriza de Doña Dolores Garay de Fernández.

CONCEPCIÓN PADILLA: Jefe Expedicionario de Olancho.

SOTERO ÁVILA: Idem

QUITERIO CRUZ: Jefe Expedicionario de Olancho.

COSME AGUILAR: Idem.

"LA GUERRA DE LOS GENERALES ANTÚNEZ Y ZAVALA, CUANDO LA AHORCANCINA, Y LA GUERRA DEL CINCHONERO, EL AÑO 68, FUERON GUERRAS CONTRA LOS QUINTOS, LOS DIEZMOS, LAS PRIMICIAS, LAS ALCABALAS Y OTROS TRIBUTOS DE LOS TIEMPOS DEL REY...".

(Palabras de Don Juan Puerto, viejo campesino de Manto que anduvo en aquellas guerras y sabía las canciones guerrilleras).

PRIMER ACTO

PRIMER CUADRO

MOVIMIENTO CAMPESINO CONTRA LOS TRIBUTOS

Corredor de la Escuela Rural de Guarizama frente a la dilatada sabana. La joven María Serrano vive allí para darle abecedario a los niños del lugar. A la vez es una discreta revolucionaria contra las tributaciones coloniales, que abolió el General Morazán en el Convenio de las vueltas del Ocote, pero que han vuelto con renovada fuerza desde que empezó el gobierno del General José María Medina (a) MEDINÓN.

La prédica constante de la joven María Serrano ha encendido en llamas revolucionarias el alma del General Serapio Romero (a) CINCHONERO, Comandante de la Caballería en la guerra del año 65 y jefe natural de la insurrección campesina de Olancho, después de la muerte de los generales Bernabé Antúnez y Francisco Zavala.

CINCHONERO, a su vez, ha conquistado a los caudillos de los pueblos del Valle Arriba, a Cirilo Mendoza, Guilebaldo Reyes, Gabriel Cárcamo, Agatón Ramos y Julián Escobar, viejos soldados de la guerra del año 65, y que están dispuestos a derribar el gobierno de MEDINÓN.

Los caudillos de los pueblos han llegado con sus "muchachos", como dicen ellos, dispuestos a empezar la guerra, y solo esperan la organización del mando y la movilización para caer sobre Juticalpa con la velocidad del relámpago.

Los "muchachos" de los caudillos de los pueblos, generalmente son jinetes curtidos en la guerra del año 65. Poco a poco van llegando a la sabana, desmontan y dejan sus bestias a la distancia.

En el corredor de la Escuela Rural, adornado con pinos y flores de Santa Lucía, hay una mesa vieja para que descansen dos espadas famosas: la "guacalona" de CINCHONERO y el "cola de gallo" de Cirilo Mendoza.

Son las once de la mañana del día nueve 1868.

En las primeras horas de la mañana empiezan a llegar los jefes rebeldes, de uno en uno, al punto de reunión, que es el corredor de la parte norte de la escuela, la que a su vez domina la plaza con un ligero desnivel del terreno. La maestra María Serrano ha dispuesto las sillas y la mesa para el acto público de gran parecido con un "cabildo abierto". En el extremo del corredor, como en abandono hay un baúl viejo.

MARÍA SERRANO. *(Va y viene, entra y regresa de sala escolar, cantando un corrido de la revolución del 65).*

"Cuando el general Antúnez
gritó al general Zavala,
vamos a botar, amigo,
a los crueles Medinones,
los jinetes olanchanos
se juntaron con sus armas,
y fue buena aquella guerra
que alegró los corazones".

(Llega Cinchonero, alto, fornido, moreno, quemado por el sol. Da la impresión de ser un hombre de una fuerza enorme).

CINCHONERO. *(Se quita el sombrero)*. Buenos días...
MARÍA SERRANO. Buenos días, general...

(Corre a brindarle asiento).

CINCHONERO. La veo alegre. La canción que está cantando es muy bonita. Es del año 65. Y usted la vuelve más graciosa con su voz...
MARÍA SERRANO. *(Riéndose)*. Vaya que ha llegado temprano para burlarse de mí. La oí en Yocón y siempre la canto sin ninguna gracia... Siéntese... *(Dirige la mirada a la plaza)*. No tardarán sus amigos...
CINCHONERO. *(Se quita la espada "guacalona" y la pone sobre la mesa)*. Estoy sorprendido, María, de todo lo que está haciendo en favor de la revolución... *(Pausa)*. Yo no creía que una

muchacha como usted fuera capaz de tantas cosas... *(No se sienta. Toma del espaldar el taburete).*

MARÍA SERRANO. *(Piensa un segundo y luego se expresa con rapidez)*. General, he venido a Guarizama con la intención de ser útil a las gentes, y me parece que ustedes están haciendo buenas cosas...

CINCHONERO. *(Buscando las palabras)*. Pero es que usted hace tanto da dinero... Manda correos... Mueve a los jefes de los pueblos... Cuando vienen los atiende en forma que los compromete con la causa...

MARÍA SERRANO. *(Con una mirada profunda sobre Cinchonero)*. Algún día, sabrá por qué lo hago...

CINCHONERO. *(Insistente)*. Quisiera saberlo ya... Es que al conocer los motivos se aumenta la gratitud...

MARÍA SERRANO. *(Pensativa)*. Algún día lo sabrá, general. Por hoy sólo le digo que estoy dispuesta a afanarme como si fuera el alma de la revolución...

CINCHONERO. *(Reflexivo)*. Como si fuera el alma de la revolución... Grandes palabras... Qué podría decir yo...

MARÍA SERRANO. *(Dándose cuenta del sufrimiento de Cinchonero)*. Usted es el brazo de ella... Usted es el hombre de la revolución...

CINCHONERO. *(Afirmativo)*. Tal vez no tanto, María... Bien me conozco y sé hasta dónde puedo llegar... Pero como dice la canción que estaba cantando usted, vamos a botar a los crueles Medinones, juntando a los jinetes olanchanos con sus lanzas para hacer una buena guerra que alegre los corazones...

(Frente a frente sonríen, y casi se hablan con los ojos).

***

(Llega Cirilo Mendoza, bajo, musculoso, del color de la caoba. Después de Cinchonero es el jefe rebelde más importante).

CIRILO MENDOZA. *(Con el sombrero en la mano)*. Buenos días, Niña María... ¿Cómo estás, Serapio...?

MARÍA SERRANO. Buenos días, coronel...

CINCHONERO. Estoy bien, Cirilo. Deseo que estés lo mismo...

CIRILO MEDOZA. Qué bien ha arreglado el corredor, Niña María... Donde andan las manos de una mujer casi andan las manos de los ángeles...

MARÍA SERRANO. Ya el general Romero dijo sus burlas... Faltaban las suyas... Cómo puede arreglarse un corredor donde duermen cabros... Hallé un muchacho que fuera a traer ramas de pino y gracias podré poner la bandera de la revolución... Con permiso...

(María Serrano se retira un momento, levanta la tapa de un viejo baúl y regresa con un lienzo rojo y unos clavos).

CINCHONERO. (*Busca una piedra, la encuentra y se dispone a clavar los clavos*). Esto corre de mi cuenta. Diga a qué altura la pongo... (*Va subiendo el lienzo y preguntando*). ¿Aquí...?

MARÍA SERRANO. Más arriba...

CINCHONERO. ¿Aquí...?

MARÍA SERRANO. Allí...

CIRILO MENDOZA. Yo me encargo de estirar la tela...

CINCHONERO. (*Golpetea*). Ya está...

CIRILO MENDOZA. (*Sonriendo*). Ahí donde lo ve, sabe componer altares...

CINCHONERO. (*Volviendo el cuerpo*). Le hago nacimientos como me los pida...

MARÍA SERRANO. (*Alborozada*). Le creo porque el hombre mientras más hombre, más cosas sabe...

LOS TRES. (*Contemplando la bandera de la revolución*). Qué bonita...

CIRILO MENDOZA. Verde era la bandera que llevábamos en la guerra de Nicaragua cuando Walker...

MARÍA SERRANO. (*Curiosa*). Me contaban que usted le había dado el tiro de gracia al filibustero...

CIRILO MENDOZA. (*Impasible*). Sí, Niña... Fue en Trujillo... (*Con rabia interna*). Le agradecería al cielo si me mandara al mundo para dárselo también a Medinón...

CINCHONERO. (*Sonriendo*). No te sofoqués, que se lo vas a dar...

MARÍA SERRANO. (*Socarrona*). Dios primero...

CIRILO MENDOZA. He perdido familia... Bienes... Una mujer que quería mucho... He vivido entre guerras… Y viviré entre ellas, hasta que me maten, porque odio la tiranía...

MARÍA SERRANO. Todos odiamos la tiranía, coronel...

CINCHONERO. *(A María Serrano)*. Allí donde lo ve es bachiller...

CIRILO MENDOZA. *(Con calma)*. Casi me hice bachiller en el Colegio Tridentino de Comayagua... Mis padres querían que fuera sacerdote... Leí las Sagradas Escrituras... Aprendí mucho... Pero en eso vi que la vida me daba mejores lecciones...Vi el dolor de los pequeños... La crueldad de los grandes... Y me fui a la guerra con Morazán... Con Florencio Xatruch... Con Cabañas... Con Antúnez y Zavala... Y aquí estoy a la orden para darle el tiro de gracia a Medinón. *(Sonríe)*.

CINCHONERO. María, él debe ser el jefe de la revolución. Él es el hombre...

CIRILO MENDOZA. Cada quien es cada quien. Jamás podrá el jefe de la infantería del 65 ocupar el puesto del jefe de la caballería de aquella guerra y que fue el que derrotó siempre al enemigo en lucidos combates. *(Se desciñe el "cola de gallo" y lo pone sobre la mesa)*.

CINCHONERO. *(Como ordenando)*. Vos vas a ser el jefe. Yo guiaré la caballería. Es el puesto que me gusta.

CIRILO MENDOZA. No acepto.

MARÍA SERRANO. *(Dudosa)*. Veremos lo que dicen los demás jefes.

CINCHONERO. *(Enfático)*. Votaré por Cirilo. Es mi mejor amigo. Lo quiero. Y tengo confianza en él.

***

(Llegan Guilebaldo Reyes, Agatón Ramos, Gabriel Cárcamo y Julián Escobar, jefes rebeldes de los pueblos, que "tienen sus muchachos", como dicen ellos, y que están listos con sus grupos de jinetes para el asalto de Juticalpa).

LOS JEFES REBELDES. *(Tocándose con el índice el ala del sombrero)*. Buenos días, señores. *(A María Serrano)*. Buenos días, Niña María...

LOS TRES. Buenos días tengan ustedes...

CINCHONERO. *(Sonriente)*. Adelante los alcaldes...

LOS JEFES REBELDES. Muchas gracias. Estamos adelante...

CIRILO MENDOZA. Siéntense, que llegan a tiempo para decidir una cuestión...

(Curiosidad en los jefes rebeldes).

CIRILO MENDOZA. Es el caso que Serapio Romero se niega a ser jefe de la revolución...

(Sorpresa en los jefes rebeldes).

CINCHONERO. Por una razón muy sencilla, señores. Yo soy un rústico. Tal vez con algún valor en la pelea. Pero no sé dirigir una guerra...

(Decepción en los jefes rebeldes).

CINCHONERO. El indicado para dirigir la guerra es Cirilo Mendoza. Ustedes conocen sus capacidades, su experiencia, su valor. Todo lo tiene para ser un buen jefe de la revolución...

CIRILO MENDOZA. *(Aclarando)*. Pero es el caso que yo me niego a ser jefe de ella. Porque esta revolución tiene su jefe natural y se llama Serapio Romero.

(Asienten con la cabeza los jefes rebeldes).

MARÍA SERRANO. *(Esplendorosa)*. Perdonen que participe en este asunto, que es de jefes, pero yo creo que para salir de las dudas conviene decidir el conflicto por votación...

(Todos están de acuerdo con María Serrano, quien extrae de la gaveta de la mesa una pizarra y un pizarrín).

MARÍA SERRANO. Abreviemos… Su voto general Romero...

CINCHONERO. Voto por Cirilo Mendoza.

MARÍA SERRANO. *(Hace una rayita en la pizarra)*. Su voto coronel Mendoza...

CIRILO MENDOZA. Voto por el general Serapio Romero...

MARÍA SERRANO. Su voto coronel Guilebaldo Reyes...

GUILEBALDO REYES. *(Con su acostumbrada lentitud)*. Por el general Romero... Así es, "comonó", si señor...

MARÍA SERRANO. Su voto capitán Agatón Ramos...

AGATÓN RAMOS. *(Hojea un pequeño diccionario que siempre lleva en la bolsa y contesta con su singular melosidad)*. Niña de mis encantos, voto por el general Romero... Porque para mí el general Romero es el "non plus ultra...".

MARÍA SERRANO. *(Sonríe)*. Su voto teniente Gabriel Cárcamo...

GABRIEL CÁRCAMO. *(Con su manera especial de afirmar cada frase con la cabeza)*. Es lo que les digo yo en los valles que Serapio Romero es el garañón de esta guerra... ¡Je! Que después de Antúnez y Zavala no hay otro que tenga los pantalones de mi "zules"... ¡Je!

(Ríen todos).

MARÍA SERRANO. *(Siempre anotando en la pizarra)*. Vota por el general Romero... *(A Julián Escobar)*. ¿Su voto... qué grado tiene Julián Escobar?

JULIÁN ESCOBAR. Dígame teniente, por favor, para ir acostumbrando a los señores...

MARÍA SERRANO. *(Ríe de la petición)*. Su voto teniente Julián Escobar...

JULIÁN ESCOBAR. Así se hace. Voto por Cinchonero...

(Ríen todos).

MARÍA SERRANO. *(Graciosa)*. Si yo fuera jefe, con perdones para el coronel Mendoza, votaría por el general Romero.

CIRILO MENDOZA. *(Con agudo ingenio)*. Su incapacidad para votar me favorece... Porque su intención ha reforzado mi deseo...

(Ríen todos).

CINCHONERO. No estoy contento. Este asunto debe llevarse a la consideración de los jinetes que nos van a acompañar... *(Pausa)*. Yo puedo ir al frente de la caballería, pero como jefe de la revolución, no...

(Dudan y vacilan los jefes rebeldes).

CIRILO MENDOZA. Qué conducta tan extraña la tuya, Serapio...

CINCHONERO. Ya vas a ver si es extraña... *(Pausa)*. Ya están llegando los jinetes... *(Pausa)*. Estos son los que van a decidir... *(Pausa)*. Es el pueblo olanchano en armas, a las puertas de una guerra, el que dirá la última palabra...

(A Julián Escobar, en broma).

CINCHONERO. ¿Trajiste el "butute"?

JULIAN ESCOBAR. *(Muestra un cuerno que lleva colgando al hombro)*. Hambre, cacho y mujer nunca me faltan...

MARIA SERRANO. *(Viendo a la sabana)*. Ya vienen los jinetes...

CIRILO MENDOZA. *(Calculando)*. Son como doscientos...

CINCHONERO. *(Con emoción)*. Son el comienzo de un ejército... *(Consigo mismo)*. Son el pueblo olanchano... *(Transportado)*. Cómo responden al llamado de la lucha...

CIRILO MENDOZA. *(Admirado)*. ¡Miren!... ¡Miren...! Cómo se desgajan de los cerros... Son como otros doscientos...

CINCHONERO. *(Nostálgico)*. Siendo partideño fui a Trujillo y conocí el mar... *(Pausa)*. Conocí el mar abierto... *(Pausa)*. Se levantaban las olas bravas y furiosas... *(Pausa)*. El pueblo se parece con el mar... *(Pausa)*. Yo quiero al pueblo porque soy del pueblo... *(Pausa)*. Para el hombre de corazón, no hay querer más grande que el del pueblo...

MARÍA SERRANO. *(Abismada, sin saber lo que dice)*. Se queda pequeñito el amor de la mujer...

(Sorprendido la vuelve a ver Cinchonero. María Serrano, asustada de lo que ha dicho, lo ve a hurtadillas y se hace la disimulada).

JULIÁN ESCOBAR. *(Se levanta da unos pasos hacia el Pueblo Olanchano, sopla el cuerno en señal de atención, después grita).* ¡Jinetes del Valle Arriba! ¡Campistas de Quilimulapa!¡Domadores de Corrales Viejos!

PUEBLO OLANCHANO. *(Grito coral que apaga la voz de Julián Escobar, antiguo maromero).* ¡Uuuuuuuu!¡Uuuuuuuuuu! ¡Uuuuuuuuu!

GRITO INDIVIDUAL. ¡A ver cómo corcovea el garañón del Portillo!

OTRO GRITO INDIVIDUAL. ¡Que lo monte Miguel Pavón y que le den la sabana!

OTRO GRITO INDIVIDUAL. ¡Que se callen los queseros que va a empezar la función!

(Risas).

OTRO GRITO INDIVIDUAL. ¡Te pego un balazo si venís con la misma babosada!

OTRO GRITO INDIVIDIAL. ¡Portate bien que mirá donde está Jesús Guardado!

OTRO GRITO INDIVIDUAL. ¡Farsante! ¡Político de Comayagua!

(Carcajadas).

JULIÁN ESCOBAR. *(Hace a soplar el cuerno, se arrepiente, grita).* ¡Ahora no es función, muchachos! ¡Ahora vamos a la guerra!

PUEBLO OLANCHANO. *(Grito coral que ahoga las voces individuales).* ¡Uuuuuuuuuu! ¡Uuuuuuuuuu! ¡Uuuuuuuuuu!

GRITO INDIVIDUAL. ¡Viva la revolución del 65! *(Contestación coral).* ¡Viva el general Bernabé Antúnez! *(Contestación coral).* ¡Viva el general Francisco Zavala! *(Contestación coral).*

OTRO GRITO INDIVIDUAL. ¡Muera Pedro Fernández! *(Muera en grito coral).* ¡Muera el chancho de Medinita! *(Muera en grito coral).* ¡Muera el perro de Medinón! *(Muera en grito coral).*

OTRO GRITO INDIVIDUAL. ¡Mueran los ladrones de ganado como Tata Lupe!

(Risas).

OTRO GRITO INDIVIDUAL. ¡Mueran los ladrones de yeguas de los Tablones!

(Carcajadas).

GRITO INDIVIDUAL. ¡Por Dios que en esta guerra me hago rico!

GRITO INDIVIDUAL. ¡Ya se sabe que te gusta bolsear muertos!

JULIAN ESCOBAR. *(Suena el cuerno. Silencio).* ¡Esta revolución es contra los tributos que nos quitó Morazán y nos volvió a poner Medinón! Esta guerra es contra las alcabalas, los diezmos, ¡las primicias y los quintos!

PUEBLO OLANCHANO. *(Delirio que dura segundos. Escobar espera que haya silencio).*

JULIAN ESCOBAR. *(Señala a los jefes rebeldes que están gozando con las ocurrencias populares).* ¡Entre estos jefes está el que va a ocupa la Presidencia cuando botemos al general Bejuco!

PUEBLO OLANCHANO. *(Nuevo delirio. El pregón espera el silencio).*

GRITO INDIVIDUAL. ¡Si sos vos el presidente me voy para Nicaragua!

(Risas).

OTRO GRITO INDIVIDUAL. ¡Puede llevarse a su casa la silla presidencial!

(Risas).

OTRO GRITO INDIVIDUAL. ¡Infeliz, que engañaste a Dorotea de Tía Facha diciéndole que la harías volar!

OTRO GRITO INDIVIDUAL. ¡Si la dejó volando con tamaña virola!

(Carcajadas).

JULIÁN ESCOBAR. *(Riéndose).* ¡Desgraciados que tienen envidia porque ustedes no prueban esos bocaditos!

(Grandes carcajadas).

JULIÁN ESCOBAR. *(Alza la mano llamando a silencio).* ¡Vamos a elegir al jefe de la revolución! ¡Hay dos toros que cuando se encaraman hasta quiebran las vaquillas!

(Hilaridad general).

JULIÁN ESCOBAR. *(Vuelve a alzar la mano llamando a silencio).* ¡El josco es de la cuesta del Matapalo! ¡El barcino es del cajón de Los Encuentros!

PUEBLO OLANCHANO. *(Grito coral que apaga la voz de Julián Escobar y que dura segundos).*
GRITO INDIVIDUAL. ¡Queremos un torazo...!
OTRO GRITO INDIVIDUAL. ¡Que sea como el padrón de Tata Pánfilo!
JULIAN ESCOBAR. *(Esforzándose por dominar la multitud, arroja el cuerno a la mesa y levanta los brazos en señal de silencio).* ¡Uno es Serapio Romero! ¡El otro es Cirilo Mendoza! ¡Bien conocen a Serapio! ¡Y también a Cirilo!
PUEBLO OLANCHANO. *(Delirio tumultuoso que dura segundos).*
GRITO INDIVIDUAL. ¡Serapio hasta se los patea!

(Carcajadas).

OTRO GRITO INDIVIDUAL. ¡También a Cirilo le arrastran!

(Nuevas carcajadas).

GRITO CORAL FAVORECE A SERAPIO ROMERO. *(Viva Cinchonerooo)*.

GRITO INDIVIDUAL FAVORABLE A CIRILO MENDOZA. ¡Viva el que mató al filibustero!

GRITO CORAL FAVORABLE A SERAPIO ROMERO. ¡El jefe de la guerra es Cinchonerooo! ¡Viva el padrón de la cuesta del Matapaooo!

CINCHONERO. *(Se levanta, avanza hacia el Pueblo Olanchano, aparta a Julián Escobar, se limpia el sudor de la frente con la manga de la camisa, se aclara la garganta)*. ¡Hombres de la ganadería! ¡Hombres de la agricultura! ¡Hombres de la minería! ¡Hombres de los oficios! ¡Todos buenos jinetes del Valle Arriba!

(El Pueblo Olanchano guarda silencio).

CINCHONERO. ¡Creo que se han equivocado en la elección... Aquí el hombre indicado para jefe es Cirilo Mendoza... Según me ha contado, es medio bachiller... Siempre ha andado en guerras, con Morazán, con Xatruch, con Cabañas, con Antúnez, con Zavala...Y ahora está con nosotros... El, pues, es el Jefe natural de esta guerra, que además de valor exige preparación...!

(Contrariedad en el Pueblo Olanchano).

CINCHONERO. ¡Hermanos, tengo serios impedimentos para ser jefe de esta guerra! ¡Que Cirilo Mendoza los conduzca, que los conducirá bien...!

PUEBLO OLANCHANO. *(Griterío de protesta. Entre los jinetes de San Juan de Jimasque se hace un tumulto agresivo)*.

GRITO INDIVIDUAL, ¡Se te están viendo los refajos!

OTRO GRITO INDIVIDUAL. ¡Decí la verdad si tenés miedo!

CINCHONERO. *(Lleno de cólera, casi gritando)*. ¡Vine al mundo con pantalones... Miedo, jamás, ¡porque a todos les consta que no lo conocí como jefe de la caballería el año 65...! ¡Si eso no es suficiente, vayan a preguntarle a Juan Antonio Medina, derrotado en el Camotal... A Juan López, en Botaderos... A Mariano Álvarez, ¡en Pacayales...!

(El Pueblo Olanchano vuelve al silencio).

CINCHONERO. ¡Es otra cosa la que me estorba, muchachos! Se las voy a decir. Ustedes recuerdan que el general Antúnez estaba cerca de ser un sabio. Alumbraba las cosas con pasajes de la Biblia. También recuerdan que el general Zavala conocía las leyes al derecho y al revés. ¡Había defendido a los pobres en los juzgados...!

¡Ellos manejaron la guerra porque sabían manejarla... Yo, muchachos, no tuve escuela, no aprendí a leer, no sé escribir... me duele decirlo, ¡pero es cierto...!

PUEBLO OLANCHANO. *(Comentarios contradictorios en voz alta)*.

GRITO INDIVIDUAL. ¡Vea qué pensada de hombre para no enfrentar la guerra!

OTRO GRITO INDIVIDUAL. ¡Te estás amujerando! ¿Y es que vas de maestro de escuela?

OTRO GRITO INDIVIDUAL. ¡Para los hombres el machete y la pistola!

OTRO GRITO INDIVIDUAL. ¡Para las mujeres y los chigüines la Cartilla de San Juan!

CINCHONERO. *(Quiere hablar y el tumulto no lo deja)*.

PUEBLO OLANCHANO. *(Furioso como negativa de Cinchonero)*.

GRITO INDIVIDUAL. ¡Acordate de las alcabalas, los diezmos, las primicias y los quintos!

OTRO GRITO INDIVIDUAL. ¡No se necesita saber leer para pagarlos ni para ir a chirona si no se pagan!

OTRO GRITO INDIVIDUAL. ¡Acordate de la ahorcancina y de las cabezas de Antúnez y de Zavala!

OTRO GRITO INDIVIDUAL. ¡Vamos a colgar al perro de Medinón!

CINCHONERO. *(Echando fuego por los ojos)*. ¡Dejen las ofensas para el enemigo, zamarros! ¡El jefe de una revolución recibe correspondencia! ¡Tiene que leerla! Tiene que contestarla. ¡En una revolución van juntas las letras y los fusiles, y en el caso mío llevarían de jefe a un ciego...!

(El Pueblo Olanchano se ha vuelto un tempestuoso mar).

CINCHONERO. ¡Además, supongamos que Medinón deja la silla! ¿Quién será Presidente? ¿Creen ustedes que yo? ¡Nunca, por ser un caballo viejo picado de araña, que eso quiere decir no saber! ¡No lo permitirían los levudos ni los sotanudos, y entonces sería uno que no le costara, porque los tontos la trabajamos y los vivos la gozan!

(Empieza a tranquilizarse el mar de jinetes rebeldes).

CINCHONERO. ¡Como hombre nacido para la guerra, no me quedaré en el Valle Arriba raspando mezcal ni vistiendo santos! Volaré en mi retinto a la vanguardia. De nuevo se verá los reflejos de mi "guacalona". ¡Y ayayayay del que se me ponga al frente!

PUEBLO OLANCHANO. *(El ayayayay de Cinchonero hace delirar a la muchedumbre).*

GRITO INDIVIDUAL. ¡Sí es que te quiero ver Santiago de las Guifarro!

CINCHONERO. *(Indica silencio).* ¡Es muy cierto! Hemos vuelto a los quintos que se pagaban antes al rey de España por el oro de las minas y de los lavaderos... Ahora los pagamos a los dueños de los cerros y de las orillas de los ríos...

(El Pueblo Olanchano pone grande atención).

CINCHONERO. ¡Con esto más, que los propietarios han extendido los quintos a las tierras en que cultivamos milpas y frijoles y a los pastos en que comen nuestros ganados... Arbitrariamente les llaman quintos a estos nuevos tributos... ¡Y tenemos que pagarlos religiosamente...!

GRITO INDIVIDUAL. ¡Cinchonero es el hombre, hijos de puerca!

OTRO GRITO INDIVIDUAL. ¡Callate bolo de vino de coyol!

CINCHONERO. *(Llama a silencio con la mano en alto).* ¡Ni hay rey ni hay herederos del rey! ¡Contra los quintos va esta guerra...!

(Delirio del Pueblo Olanchano que dura segundos).

CINCHONERO. Hemos vuelto a los diezmos que quitó el general Morazán en las Vueltas del Ocote. Pero son tan pesados que ya no los aguantamos. ¡Se han vuelto famosos los diezmos de Olancho por su abundancia, pero nadie pregunta de qué cueros salen las correas...!

(Indignación en el Pueblo Olanchano).

GRITO INDIVIDUAL. ¡Si no pagamos los diezmos nos cierran las puertas del cielo!
OTRO GRITO INDIVIDUAL. ¡Nos echan para el infierno con las excomuniones!
CINCHONERO. *(Llama a silencio con la mano en alto).* ¡Somos católicos! ¡Pero esta guerra va contra los diezmos...!

(El Pueblo Olanchano es un alegre mar sinfónico).

CINCHONERO. Han vuelto las primicias. ¡Esta guerra va contra las primicias!

(Un alegre mar sinfónico es el Pueblo Olanchano).

CINCHONERO. ¡Han vuelto las alcabalas! ¡Contra las alcabalas va esta guerra!

(Estruendo popular).
CINCHONERO. ¡Han vuelto los impuestos del aguardiente y del tabaco! ¡Contra esos impuestos va esta guerra!

(Popular estruendo).

GRITO INDIVIDUAL. ¡Hijos de su nana, que ya no nos dejan ni oler el guaro!
OTRO GRITO INDIVIDUAL. ¡Ni fumarnos un cigarro!

CINCHONERO. *(Llama a silencio con la mano en alto).* ¡Contra lo dicho y lo que no se ha dicho va esta guerra! ¡Nos comeremos los bofes de esos bandidos, que hacen vida placentera a costa nuestra!

(Delirio inmenso).

CINCHONERO. ¡Juro que de esta guerra saldrá un gobierno que pondrá fin al bandidaje y a los trapos sucios!

(Delirio todavía más enorme con el juramento de Cinchonero).

CINCHONERO. ¡Yo estaré en el Ejército, seré un tigre, pero Cirilo Mendoza debe ser el guía!

(El pueblo Olanchano vuelve a decepcionarse, y algunos grupos hacen a marcharse a sus lugares).

***

MARÍA SERRANO. *(Al ver el resultado negativo, se levanta y da unos pasos hacia el Pueblo Olanchano. Este la recibe con la sorpresa de no haber visto una mujer metida en cosas de hombres).* ¡Los jinetes del Valle Arriba han elegido al general Romero jefe de la guerra contra los asesinos del Valle Abajo! *(Pausa).* ¡Al general Romero no le queda más camino que obedecer la voluntad de los jinetes, que tienen listos sus potros y sus machetes para seguirlo por las sabanas de Guarizama y San Francisco...!
PUEBLO OLANCHANO. *(Torbellino de júbilo manifestado con gritos y expresiones jocosas).*
GRITO INDIVIDUAL. ¡Así hablaba la mujer de yo cuando estaba muchacha!
OTRO GRITO INDIVIDUAL. ¡Callate la trompa, caite viejo!
MARÍA SERRANO. El general Romero declara que no aprendió a leer ni sabe escribir... ¡Eso no le impide dirigir la guerra y voy a decir por qué...!

(Suma atención del Pueblo Olanchano).

MARÍA SERRANO. ¡El general Romero sabe que el despotismo empezó desde que dieron muerte al general Morazán...!

(Comentarios en voz baja).

MARÍA SERRANO. ¡Sabe que pocos fueron los gobiernos que dejaron después de cobrar impuestos, alcabalas, primicias, diezmos y quintos...

(Comentarios en voz baja que mencionan al Presidente Lindo, al general Cabañas y al general Guardiola).

MARÍA SERRANO. ¡Sabe que Medinón ha arrendado el caballo en dirección de la colonia española y que hasta quiere rey por sus relaciones con Cuba...!

(Cesan los comentarios en voz baja).

MARÍA SERRANO. ¡Sabe que la Ahorcancina de Olancho significa el regreso al antiguo régimen, que representa descarada esclavitud...!

(Silencio total. Una que otra tos).

MARÍA SERRANO. ¡Para impedir esta conspiración contra el pueblo hasta las mujeres podemos dirigir una guerra...!

(Cinchonero en el fondo del corredor, se mueve nervioso en el asiento, herido en su amor propio. Estallido de júbilo en Pueblo Olanchano).

MARÍA SERRANO. ¡El general Romero nació para luchar por la libertad...!

(Gritos entusiastas. Tumulto).

MARÍA SERRANO. ¡Por la libertad pueden luchar hasta los ciegos...!

(Cinchonero hace llamados a su serenidad. El pueblo Olanchano ha llegado al estruendo).

MARÍA SERRANO. ¡Si no sabe leer ni saber escribir es una ceguera, el general Romero, que tiene el sentido de la libertad, seguirá adelante comandando el ejército libertador...! ¡Y estoy segura que lo llevará al triunfo...!

(Griterío que va in crescendo, mientras Cinchonero ha adquirido la dureza de una piedra).

MARÍA SERRANO: ¡Yo marcharé en el Ejército para enseñar a leer y escribir al general Romero...! ¡Mientras aprende, seré su amanuense...! ¡No es usado que una mujer ande en guerras, pero se impone introducir el uso...!

(Algunos jinetes sorprendidos se aproximan para ver de cerca a María Serrano).

MARÍA SERRANO. ¡Cuando el general Romero sepa lo que hoy ignora, nada tendrá que envidiarle al general Morazán...! ¡Será como él...!

PUEBLO OLANCHANO. *(Vivas corales. Estruendo que dura varios segundos).*
GRITO INDIVIDUAL. ¡Préstame la pistola Juan, para hacer unos disparos!
OTRO GRITO INDIVIDUAL. ¡Por una mujer así yo me mato con cualquiera...!
OTRO GRITO INDIVIDUAL. ¡Así hablaba una muchacha que robé en Chiquimula!
OTRO GRITO INDIVIDUAL. ¡Mejor callate las tapas, que no has sido partideño!
GRITO CORAL. ¡Viva Cinchonero, jefe de la Revolución!
CINCHONERO. *(Se levanta para recibir a María Serrano. Le estrecha las dos manos. La mira profundamente a los ojos).* María, es

usted una gran muchacha... Pero no admito que vaya a Juticalpa... Hasta después se sumará a la guerra… Es una orden...

MARÍA SERRANO. (*También lo mira profundamente los ojos, como hipnotizada*). Me quedaré, Serapio...

CINCHONERO. (*A Cirilo Mendoza*). Vos, Cirilo, organizás el Ejército. Debe ir por grupos, según los pueblos, con sus jefes.

CIRILO MENDOZA. (*Toma de la mesa el "cola de gallo" y se lo ciñe*). Lo organizaré como decís, sobre la marcha... (*Se va*).

CINCHONERO. (*A Guilebaldo Reyes*). Usted, coronel Reyes, se queda en la plana mayor para desempeñar comisiones especiales. Pero por lo pronto vaya a ordenar la gente de Salamá...

GUILEBALDO REYES. (*Se levanta con lentitud*). Entendido, general. Así es, comonó, sí señor... (*Se va*).

CINCHONERO. (*A Agatón Ramos*). Usted, capitán Ramos, queda en la plana mayor para desempeñar comisiones especiales. Por de pronto vaya a disciplinar la gente de Yocón...

AGATON RAMOS. (*Con su melosidad característica y sus propensiones de asesino frio*). General, creo que ya conoce mis gustos. Me gustan las carnes de los hidalgos gentilísimos, las carnes de las bellas mujeres aristocráticas...

CINCHONERO. Precisamente, su oficio va a ser ese. Despachar al otro mundo a los vagos perfumados, que se viven gozando del trabajo ajeno...

AGATON RAMOS. (*Juntando las manos*). Dios me ha dado una profesión apostólica... (*Se va*).

CINCHONERO. (*A Gabriel Cárcamo*). Usted, teniente Cárcamo, también se queda en la plana mayor para desempeñar la tesorería del Ejército. Va a recoger dinero y va a pagar la tropa...

GABRIEL CARCAMO. (*Con sus grandes movimientos de cabeza*). ¡Por Crilias! ¡Es lo que les digo yo en los valles! ¡Que hay que sacarles de las agallas el dinero a los hacendados y a los santeros para hacer la revolución... ¡Je! ¡Que hay que arrancarles oro y plata a los ingleses del Wasprasni por la madera que se llevan para hacer triunfar la bruta... ¡Je!

CINCHONERO. Si tiene que ver con los ingleses y se le resisten y mata alguna, procure enterrarlo regadito para que no lo hallen... (*Sonríe*). Es que esos diablos son carísimos...Valen más que un ojo de la cara...

GABRIEL CARCAMO. Yo lo que hago es tostarlos, molerlos y meterlos en un cumbo porque son remedio para la picada de tamagaz... ¡Je! *(Se va)*.

CINCHONERO. *(A Julián Escobar)*. Vos vas a ser mi ayudante de órdenes. Te buscás un buen cuerno. En Juticalpa tomás la corneta del cuartel. Te exijo valor, sangre fría, atenciones...

JULIAN ESCOBAR. Si me ha de llevar el diablo, que me lleve en buen caballo...

CINCHONERO. Mientras yo ando en lo principal. Vos cuidás los detalles...

JULIAN ESCOBAR. Entendido. Me gusta el cargo. *(Con burlona arrogancia)*. Julián Escobar, Ayudante de Ordenes... va.

CINCHONERO. *(Se ciñe la "guacalona" y se dirige a los jinetes)*. ¡Hombrones del Valle Arriba! ¡Acepto la jefatura de la guerra! ¡A prepararme para salir! ¡Volaremos como el viento! ¡Asaltaremos la plaza de Juticalpa a medianoche!

(Estruendo en el Pueblo Olanchano).

CINCHONERO. ¡El asalto será a machete! ¡Allá nos haremos de fusiles, de pólvora, de cartuchos, hasta de cañones para emprender una guerra en grande contra Medinón...!

PUEBLO OLANCHANO. *(Corren los jinetes y saltan sobre sus potros)*.

GRITO INDIVIDUAL. ¡Viva el pueblo olanchano!

GRITO CORAL. ¡Vivaaaaa!

GRITO INDIVIDUAL. *(Cantando la canción de los jinetes)*.

> Cuando el general Antúnez
> gritó al general Zavala,
> vamos a botar, amigo,
> a los crueles Medinones...

GRITO CORAL. *(Sumándose a la canción de los jinetes)*.
> Los jinetes olanchanos
> se juntaron con sus armas,
> y fue buena aquella guerra,
> que alegró los corazones...

(Disminuyen en la llanura los ecos de la canción).

MARÍA SERRANO. *(Con una extraña alegría nostálgica, fija la mirada en los jinetes que se alejan)*. Serapio, siento que mi alma se va con el Ejército de Olancho... *(Vuelve el cuerpo y lo mira a los ojos)*.
CINCHONERO. *(Detiene un feroz impulso de abrazarla)*. Y yo, María, siento que mi alma se queda en Guarizama... *(La mira a los ojos profundamente, da vuelta con violencia hacia la sabana y corre en dirección de su caballo)*.

Aun se escucha a los lejos el griterío de los jinetes, Valle Arriba que van en guerra sobre el Valle Abajo.
Fernández, como de cincuenticinco años, con traje militar y sable.

DON PEDRO. *(Abraza a Doña Dolores, que parece su hija por la diferencia de edad, la besa en la cabellera y aspira su perfume)*. Acabo de comprarte un precioso caballo...
DOÑA DOLORES. *(Con alegría de niña)*. Pedro de mi vida, ¿el famoso frontino de los Cálix? Es un animal bellísimo. He ido a verlo varias veces para quedarme extasiada.
DON PEDRO. Es el mismo. Me lo dieron barato, por trescientos. Es andador, y Brígido Gálvez le va a hacer la boca.
DOÑA DOLORES. *(Meciéndole los brazos)*. Pedro, parece que adivinaras mis deseos. En él iré con las Ordóñez al Coyolar. Ya sueño que volará como una palomita...

(Se sueltan las manos. Don Pedro arroja el kepis en la mesa y descansa en sofá. Doña Dolores sale y jarrón lleno de rosas, que con cuidado en mesa. Luego se sienta al lado de Don Pedro).

DON PEDRO. *(Con dulzura)*. ¿Mandaste la corona?
DOÑA DOLORES. Va en camino. ¿Y tú mandaste las sortijas?
DON PEDRO. Me parece que hay más delicadeza en que las mandes tú.
DOÑA DOLORES. *(Complacida de su tacto social)*. No, no, no. Es más elegante que vaya un criado escogido a entregarlas en su estuche a nombre de los esposos Fernández.

(Pausa).

DOÑA DOLORES. Qué pareja tan perfecta la de Jorge y Mercedes.

DON PEDRO. Mercedes Fernández, rica y bonita. Jorge Aguirre, talentoso y rico. Yo sé poco de versos, pero los que hace ese muchacho me cautivan.

DOÑA DOLORES. *(Mira con resentimiento a Don Pedro)*. Qué linda descendencia van a tener...

DON PEDRO. *(Nota el resentimiento de Doña Dolores y le acerca la cara)*. Dios tarda, pero no olvida, mujercita. Tus hijos serán como los ángeles.

DOÑA DOLORES. *(Agradecida)*. Será una fiesta rumbosa. Voy a prepararte el vestido. ¿Cuál escojo...?

DON PEDRO. *(Fingiendo distracción)*. Ninguno, terroncito de azúcar. Tú irás con Irene, y serás la primera en regresar a casa. *(Severo)*. Tengo asuntos importantes que atender...

DOÑA DOLORES. *(Con velocidad)*. Los asuntos de Cinchonero...

DON PEDRO. *(Levantándose)*. ¿Quién te ha dicho eso? ¿Quién te ha traído noticias falsas? ¿Quién ha mencionado ese nombre en tu presencia como si quisiera manchar ese nombre tu belleza y marchitar tu alegría?

DOÑA DOLORES. No es motivo de enojo, Pedro. Lo oíde unas personas que iban conversando por la calle.

DON PEDRO. Lo dudo. Ese nombre ha resonado en esta sala. Que me hablen a mí de facciosos que se quieren sacudir los quintos, los diezmos, las primicias y las alcabalas. Pero a ningún malcriado le permito que le hable de ellos a mi mujer.

(Pausa).

DON PEDRO. *(Iracundo, casi gritando)*. ¡Todo el mundo me habla de facciosos! ¡Los facciosos de día! ¡Los facciosos de noche! ¡Los facciosos a toda hora! ¡Los facciosos en sueños! ¡Los facciosos en boca de los espías que vienen del Valle Arriba! ¡Los facciosos en los correos que vienen de Comayagua, con órdenes del general

Medina! ¡Es como para volverse loco! *(Cruza los brazos)*. Bonita cosa. Ahora vienen con el nombre de Cinchonero cerca de mi mujer. *(Vuelve a gritar)*. ¡Cuando mi mujer es la única persona que no me debe hablar de ese bandido! ¡Cuando mi mujer es muy mía, que la tengo para que me endulce la vida, para que me hable de caballos que vuelan como palomas, de coronas nupciales, de sortijas, de fiestas, de hijos, de vestidos...!

(Se pasea).

DON PEDRO. Qué gentes tan abusivas. Qué tiempos tan asquerosos. Cómo se ha perdido el buen gusto. Sólo de bajezas se habla. *(A Doña Dolores)*. Tus oídos son para mis palabras. Tus labios para mis besos y para las canciones hermosas...

DOÑA DOLORES. *(Trata de calmarlo)*. Y mis manos para la música de Mozart... Pedro, no te enojes que pierdes la salud. Estábamos en el viaje juntos a la fiesta. Que, si no vas, todos me harán preguntas. Todos harán comentarios. Supondrán un disgusto nuestro. Desprecio a tu hermana y a su prometido. Como las gentes son así... *(Se le acerca)*. Alegrate, Pedro. *(Fija sus ojos en los de Don Pedro)*. Vaya, a quien parpadea de último...

DON PEDRO. *(Se alegra, le echa el brazo sobre el hombro, le habla con dulzura)*. Confite de la feria de Concepción... Tú en la fiesta de los novios serás Pedro y Dolores Fernández... *(Bromeando)*. Para una mejor representación, te pondrás la crinolina que te vuelve celestial y te colgarás la espada que me regaló el general Mariano Álvarez...

DOÑA DOLORES. *(Con mimos)*. Huuuy, que voy a parecer... *(Se libera del brazo de Don Pedro, cierra el puño y le da golpecitos en el pecho)*. A todo esto, no has dicho que asuntos importantes te impiden ir conmigo a la fiesta...

DON PEDRO. *(Frunciendo el ceño)*. Asuntos del servicio, hijita. Recuerda que soy el comandante de Armas de Olancho. *(Tocan a la puerta)*. ¡Adelante!

(Entra el coronel Nazario Garay, alto, como de cincuenta años, con traje militar y sable. Alegre, ostentoso, se considera más valiente que los demás en acciones de guerra. Es de conocimiento público que

él fue el captor de Don Joaquín Rivera, ex-jefe del Estado de Honduras en tiempos de la República Federal. El vulgo le atribuye instintos de asesino).

DON NAZARIO. *(Ligeramente despreciativo, sonriente)*. Ave María Purísima...

DON PEDRO Y DOÑA DOLORES. *(A dúo)*. En gracia concebida...

DON NAZARIO. *(Avanza a la mesa, se quita el kepis, lo tira, regresa y queda en pie)*. La fiesta de la noche va a estar muy alegre. *(Pausa)*. Muchachas bonitas. *(Pausa)*. Jóvenes acicalados. *(Pausa)*. Señoras cargadas de joyas. *(Pausa)*. Caballeros con escogido traje. *(Pausa)*. Vejetes mareados por las copas. *(Pausa)*. Música. Luces. Coronas. Palmas. Danzas. Los lanceros. Los bailes de moda. El vals. Los últimos versos de Teodoro Aguiluz, trovero de Comayagua. La mar y sus conchas...

(Se pasea).

DON NAZARIO. Doña, Irene Zelaya de Garay, esposa del servidor de ustedes, se prepara para ese acontecimiento. *(A Doña Dolores)*. Entiendo que Doña Dolores Garay de Fernández abriga las mismas preocupaciones. *(Sonríe)*. *(Doña Dolores quiere hablar, pero Don Nazario levanta la mano en señal de silencio)*. Creo que los tiempos de las fiestas galantes van pasando. Los remedos, que son los nuestros, de las recepciones reales. *(Sonríe)*.

(Se sienta).

DON NAZARIO. En Olancho estamos condenados a perder la alegría que da la paz. El gusto de la vida amable. Huracanes periódicos del Norte doblan las flores, marchitan el cutis de las mujeres, clausuran las sonrisas. *(Se levanta. Se vuelve a pasear)*. Por eso en Olancho debemos ser hombres de guerra y de garra. No dar cuartel al bandidaje de los profetas de los valles. *(Se detiene)*. Porque si somos blandos como la cuajada y suaves como la tortilla y dulces como la leche y gratos como el chocolate, nos comen vivos quienes piden abolición de alcabalas, primicias, diezmos y quintos. *(A Don Pedro)*. ¿Es cierto, Pedro?

DON PEDRO. *(Calmoso)*. En presencia de Dolores no me gusta hablar de facciosos. Estoy cansado de matarlos. Quiero paz, afanes distintos, distracciones... *(Pausa)*. Pero si nos obligan, vamos a tener que acabarlos.

DON NAZARIO. *(Se sienta)*. Sólo hay dos procedimientos para pacificar a Olancho... El del general Medina y el del general Morazán... *(Sonríe)*. El del general Medina... 200 fusilados... 1.200 ahorcados...[1] 600 familias deportadas... Incendio del pueblo de Manto, capital de las facciones... ¿Procedimiento del general Morazán? Sitúa en el faccioso Manto la cabecera de Olancho. Deposita en el faccioso Concepción Cardona la Comandancia de Armas. Le entrega al faccioso Gregorio Canelas la Jefatura Política. En una palabra, les da el gobierno departamental a los facciosos... *(Pausa)*.

DON PEDRO. No has terminado... Para reponer las pérdidas que han sufrido los facciosos, les entrega por cuatro años las rentas de alcabalas, aguardiente, tabacos y diezmos...

DON NAZARIO. *(Con animación)*. No has terminado...Les exime por tres años, en términos absolutos, de todo servicio público, pecuniario y personal, y sólo prestando el último en caso de que fuera atacada la independencia nacional por una potencia extranjera...

DON PEDRO. No has terminado...

DOÑA DOLORES. *(Llena de risa)*. Qué par de locos...

DON PEDRO. Ordena que se recojan las armas de los pueblos, las cuales quedarán a la orden del faccioso Concepción Cardona...

DON NAZARIO. Que era el Comandante de Armas...

DON PEDRO. Y jefe de la facción.

DON NAZARIO. *(Reanudando la plática)*. Como te decía, siendo nuestro procedimiento el del general Medina, por ser el que defiende las sacrosantas instituciones, para pacificar a Olancho, tenemos que operar por partida doble, fusilando 400...

DON PEDRO. *(Exaltado)*. Ahorcando 2.400...

---

[1] Dato del Dr. Marco Aurelio Soto, dado al poeta Froylán Turcios en una entrevista en casa de Rafael Fiallos el año de 1902.

DOÑA DOLORES. *(Asustada).* Jesús, qué horror...Conversen de otra cosa...

DON NAZARIO. *(Enfático).* Deportando 1.200 familias...

DON PEDRO. Y pegándole fuego a los principales pueblos...

DON NAZARIO. *(Sonriente).* ¿Medina o Morazán?

DON PEDRO. Medina, hombre... Medina... *(Reflexivo, dudoso).* Aunque creo que a la larga nos vencerán...

DON NAZARIO. Siempre los venceremos...

DON PEDRO. *(Convencido).* Nos vencerán.

DOÑA DOLORES. *(Con acritud).* No comprendo a Pedro. Hace un momento se puso a gritar lleno de rabia porque le mencioné el nombre del jefe rebelde del Valle Arriba, y ahora se solaza en la idea de una nueva guerra...

DON PEDRO. *(Sin volverla a ver).* Perdona, hija, el cambio de carácter. Los hombres que actuamos el 65 y que vivimos de centinelas frente a nuevas rebeliones somos así... Medio locos... Irascibles... Pero también querendones de nuestras mujeres... *(La toma suavemente de la barbilla y la mueve).*

DOÑA DOLORES. *(Aprovecha la presencia de Don Nazario para expresar sus sentimientos).* Pedro, ¿no puedo ver, no puedo oír, no puedo hablar, no puedo opinar...?

DON PEDRO. *(Viendo a Don Nazario).* Todo lo puedes, mujercita...Con recato y respeto...

DOÑA DOLORES. Entonces, ¿puedo mencionar por su nombre al nuevo jefe rebelde? *(Pausa).* ¿Y hablar de la facción en casa propia y en casa ajena? *(Pausa).* ¿Y salirme de los vestidos, de las coronas, de las sortijas, de las fiestas nupciales...?

DON PEDRO. *(Siempre viendo a Don Nazario).* Sin violar la tradición, ni la decencia ni la elegancia.

DOÑA DOLORES. ¿Puedo leer novelas como las demás mujeres jóvenes de las familias principales...?

DON PEDRO. *(Con cierta impaciencia).* Puedes... Pero ¿a qué viene eso...?

DOÑA DOLORES. A que no desempeño exactamente el papel de esposa del general Pedro Fernández en ninguna parte por mi temor, por mi ignorancia, por mi falta de experiencia... *(Ilusionada).* Si yo fuera como Irene que tiene salón abierto y sabe tantas cosas y se desenvuelve con tanta naturalidad.

DON NAZARIO. *(Sonriente)*. Querida prima, esto, se llama alzarse en rebelión en casa. Has vencido al gobierno de tu marido. Te ha dado la libertad que quieres, pero siempre con recato, con respeto... *(Pausa)*.

DON NAZARIO. *(Bromeando)*. Así la facciosa Irene se levantó un día contra mi gobierno y por no fusilarla le di la libertad...

(Ríen todos).

DON NAZARIO. Al fin, conviene tenerles piedad porque son ustedes las que llevarán el luto...

DOÑA DOLORES. *(Alegre)*. Déjate de lutos. Pensemos en la fiesta. Convence a Pedro, que ofrece resistencia.

DON NAZARIO. *(Con fingido susto)*. ¡Iiiii! Por estar hablando de guerras, horcas, fusilamientos, deportaciones y exterminios, habíamos olvidado a Jorge y a Mercedes... *(Se levanta y señala con el índice)*. Irene está lista. Yo estoy listo. *(Se inclina hacia Doña Dolores)*. Tú estás lista. (Señala a Don Pedro). Él está listo. (Cruza los brazos). Todos estamos listos, y en paz.

DON PEDRO. *(Con severidad militar)*. Nosotros, tú, Nazario, y yo, no estamos listos. Tenemos que trabajar duro esta noche...

DON NAZARIO. *(Con burlesca cortesía se inclina hacia Doña Dolores)*. El señor Comandante de Armas de Olancho y este inclinado Mayor de Plaza de Juticalpa tendremos otra fiesta, joven señora...

(Tocan la puerta).

DON PEDRO. *(En voz alta)*. ¡Adelante, si es cristiano...!

Doña Dolores, contrariada, va a la mesa, toma del jarrón una flor blanca y la deshoja. Don Pedro se compone el traje. Don Nazario sonríe. (Entra el Padre Becerra elegante y desenvuelto, sin la esperada humildad apostólica, con la mano en alto en señal de bendecir a sus mansas ovejitas. Los presentes ponen cara compungida para recibirlo).

PADRE BECERRA. *(Se detiene)*. Por supuesto, Pedro, que es cristiano quien traspasa tu puerta...

DON PEDRO. *(Busca una silla que le ofrece)*. Como que es el sacerdote mayor de la Iglesia del lugar...

PADRE BECERRA. *(Sentándose y componiendo las faldas de la sotana)*. Veo en Nazario al hombre de siempre. Rozagante y mundano.

DON NAZARIO. *(Sonriente)*. Pero siempre con ánimo de huir del Demonio, del Mundo y de la Carne, en obsequio a los ruegos del Misionero Subirana...

PADRE BECERRA. Era un santo varón... *(A Doña Dolores)*. Hija, no te vi en la misa de seis... Sentémonos todos... *(Se sientan)*.

DOÑA DOLORES. No se fijó, Padre. Oí toda la misa. Pero salí de la Iglesia cuando el incidente del loco.

DON PEDRO Y DON NAZARIO. *(A una)*. ¿Cuál incidente...?

DOÑA DOLORES. Que se los cuente el Padre...

PADRE BECERRA. Fue un loco que se puso a decir a gritos que yo tengo mujer... *(Ríen Don Pedro y Don Nazario. Doña Dolores trata de esconder su risa)*. Estaba en el púlpito diciendo el sermón. Se hizo tumulto. Los fieles de la cofradía del Santísimo hicieron a agarrarlo pero se les escapó... *(Siguen riendo Don Nazario y Don Pedro. No puede esconder su risa Doña Dolores)*.

DON NAZARIO. Quiere decir, Padre, que ya lo gritaron. En las aldeas existe la costumbre de gritar a las muchachas. El que grita se arma de un machete, llega al patio de la víctima y allí pega sus barquinazos... *(Fingiendo gritos)*. ¡Digo aquí y en cualquier terreno que fulanita es mi mujer...!

DOÑA DOLORES. Qué costumbre tan fea...

DON PEDRO. Es cierto lo que dice Nazario...

DON NAZARIO. De ahí en adelante los padres dejan de cuidar a la muchacha porque saben que fue deshonrada y los demás pretendientes se alejan...

PADRE BECERRA. *(Con gracia)*. Pues a mí me gritó ese condenado... Pero me las paga... Alguien que no me quiere lo ha mandado... *(Ríen todos)*. Dejemos eso y vamos a lo serio... *(Vacilando)*. Quien sabe, Pedro, si es permitido en presencia de Dolores... *(Doña Dolores, inquieta, ve a Don Pedro)*.

DON PEDRO. *(Serio)*. ¿De qué se trata, Padre?

PADRE BECERRA. De guerra, Pedro.

DON PEDRO. Al fin y al cabo esto está en el ambiente. La guerra se ha vuelto tan común como el aire y como el agua. Hay que respirarla y beberla...Que se quede.

PADRE BECERRA. En el confesionario he sabido que viene Cinchonero con quinientos jinetes...

(Don Nazario se levanta, va a la mesa, toma del jarrón una flor y la deshoja con indiferencia).

DON PEDRO. *(Inquieto)*. ¿Cuándo, más o menos...?
PADRE BECERRA. En lo que falta de este mes...

(Don Nazario toma otra flor y la deshoja con desdén).

DON PEDRO. ¿Qué más pudo saber...?
PADRE BECERRA. Que el jefe rebelde está reuniendo la gente de los pueblos del Valle Arriba en Guarizama...
DON PEDRO. Coinciden mis informes con los suyos, Padre. *(A Don Nazario)*. Te lo dije que teníamos que trabajar duro esta noche. Casi tenemos a la facción encima. *(A Doña Dolores)*. Ve corriendo a decirle a Mercedes que finja enfermedad y que por ello cancele la fiesta.
DOÑA DOLORES. *(Se levanta angustiada)*. Ay, Dios mío... Nunca tendremos paz en este lugar. Quisiera irme de aquí... Quisiera vivir en un país lejano… *(Sale)*.

(Conversan con animación en voz baja Don Pedro, Don Nazario y el Padre Becerra. Tocan la puerta).

DON PEDRO. *(En voz alta)*. ¡Adelante!

* * *

(Entran Concepción Padilla, Sotero Ávila, Quiterio Cruz y Cosme Aguilar, hombres de campo que siendo amigos de las armas operan como jefes expedicionarios. Como dice el vecindario, son los perros de garra del general Pedro Fernández. Concepción Padilla, rebelde al principio, fue quien entregó al general Bernabé Antúnez, en Gualaco, a cambio de que le perdonaran la vida. Como los anteriores, éstos también son personajes reales).

LOS JEFES EXPEDICIONARIOS. ¡Buenos días...!

EL COMANDANTE, EL MAYOR DE PLAZA Y EL CURA PÁRROCO. Buenos días.

CONCEPCIÓN PADILLA. *(Avanza)*. Perdonen ustedes... General, venimos a su llamado...

GENERAL FERNÁNDEZ. *(Arrogante)*. Tenemos que trabajar duro, señores... *(Se levanta)*. Vuelven los facciosos bajo el mando de Serapio Romero, alias Cinchonero... (¿Lo conocen...?

CONCEPCIÓN PADILLA. Como a mis manos, general. Era el jefe de la caballería antes de que se separaran Antúnez y Zavala...

GENERAL FERNÁNDEZ. ¿Qué clase de hombres es...?

CONCEPCIÓN PADILLA. Era el alma de la facción del 65. Antúnez y Zavala hacían lo que él decía. Ahora que él viene solo, el pleito va a ser serio, porque es hombre temerario...Verdad, ¿Sotero?

SOTERO ÁVILA. Es un negro amargo en la guerra...Es un bárbaro...

QUITERIO CRUZ. Yo lo conozco. Es el primer jinete de Olancho... Y el primer espadachín... Pelea con una "guacalona...". Al que le pega su cintarazo sale corriendo a pedir agua...

COSME AGUILAR. La fama de ese hombre cunde en los valles... Hasta dicen que no es "solo"...

PADRE BECERRA. Todos los facciosos tienen su "nahual..." Los ayuda el Diablo...

(Los Jefes Expedicionarios son supersticiosos. Ponen gran cuidado en las palabras del Cura Párroco).

CORONEL GARAY. *(Mal encarado)*. Hace días oigo hablar de la espada de Cinchonero. Vamos a ver si es verdad la fama que le dan...

GENERAL FERNANDEZ. *(Dando órdenes)*. El plan es muy sencillo. Yo me quedaré con el Coronel Garay y Concepción Padilla defendiendo la plaza de Juticalpa. Sotero Avila, Quiterio Cruz y Cosme Aguilar salen inmediatamente para Catacamas y las aldeas de Guayape a recoger lo que se llama en guerra el ganado bravo de aquellos lugares... *(Pausa)*. Nosotros resistiremos en el cuartel porque hallándose esta plaza en valle abierto es difícil defenderla desde sus accesos... *(Pausa)*. Ustedes atacarán a más tardar dentro de tres días. El Jefe es Sotero Ávila. El segundo, Quitero Cruz. El tercero, Cosme Aguilar... *(Pausa)*. El primero en regresar debe ser Sotero Ávila por la proximidad de su gente... *(Pausa)*. Todos saben dónde están los depósitos de armas que les corresponden...Ya saben cómo castigo la traición...Y ahora al mandado... *(Suena los dedos)*.

(Se queda Concepción Padilla. Salen los demás jefes expedicionarios. Hay un silencio largo).

CORONEL GARAY. *(A Concepción Padilla)*. Conque Cinchonero es un hombrón con la "guacalona".

CONCEPCIÓN PADILLA. La verdá es hijo de Dios, coronel. Es una fiera. Es tan ágil como el tigre.

GENERAL. *(Al coronel Garay)*. Te prohíbo batirte a espada con él... Ciertamente, ese bruto es famoso...

CORONEL GARAY. *(Al general Fernández)*. No haces más que despertarme el deseo de retarlo...

GENERAL FERNANDEZ. Pues si lo retas te matará, y lo sentiría por Irene... *(Consulta el reloj)*. Es hora que vayas, seguido de Padilla, a disponer el cuartel... *(Pausa)*. Quiero una defensa sólida...

CORONEL GARAY. *(Sonriente)*. Bueno, me despido. *(Se cuadra)*. General, Fernández... *(Se inclina)*. Padre Becerra... *(Sale)*.

CONCEPCIÓN PADILLA. *(Por decir algo)*. Venceremos, general. Venceremos, Padre. *(Sale)*.

PADRE BECERRA. Yo también me voy, hijo. Si hay más noticias, vuelvo... *(Sale)*.

GENERAL FERNANDEZ. Bueno, Padre... *(Se sienta abrumado)*.

* * *

(Alta noche. Lámparas encendidas. Mucha luz confortable. El general Pedro Fernández está sentado frente a la gran mesa escribiendo cartas. Entra Catedral con una taza de humeante chocolate).

CATEDRAL. Jesús, amo. Usté siempre trabajando. Día y noche está frente a esa mesa de escribir. Si los señores que "tienen" vinieron para el descanso. Y nosotros que "no tenemos" venimos para sudar a chorros... *(Sonríe).* Tome esta taza de chocolate para que le dé "juerteza" y se le quite la "jelazón...".

(Catedral le da la taza de chocolate. El general Fernández la recibe).

GENERAL FERNÁNDEZ. *(Con una satisfacción casi imperceptible).* Ay, Catedral... Tú no pasarás de ser una buena vieja ingenua... Oíste que fue dicho: ganarás el pan con el sudor de tu frente... Y ahora agrego de mi cosecha: También lo ganarás en medio de sustos y preocupaciones mortales...

CATEDRAL. *(Inquisitiva, aproximándose).* ¿Está asustado y preocupado, mi amo?

GENERAL FERNANDEZ. *(Entre sorbo y sorbo de chocolate).* Como el condenado a muerte que espera la madrugada en que será pasado por las armas...

CATEDRAL. Jesús, amo. No diga eso. Mejor vaya a descansar. Acuéstese al lado de mi "reseda", que la carne de la mujer tranquiliza los "ñerbos" del hombre" ... *(Ríe involuntariamente con una risa de chachalaca asustada).*

GENERAL FERNANDEZ *(Con risa forzada).* Negra pícara...

(Disparos lejanos. El general Fernández deja la taza, se levanta y pone atención. Catedral aguza el oído y se pone olor de ceniza. Nuevos disparos lejanos).

CATEDRAL. *(Santiguándose).* ¡Amo son los facciosos...!

GENERAL FERNANDEZ. *(Inquieto).* ¡Sí, son ellos...!

CATEDRAL. *(Angustiada).* Ay, amo... ¿qué hacemos...?

GENERAL FERÁANDEZ. *(Guardando pluma, tinta y papel en las gavetas).* Corre a despertar a Mateo... Que me ensille el caballo patas blancas... Que ponga el winchester... Que ponga las alforjas con la botella de aguardiente... Que ponga la capa... Que ponga todo... Y que ensille el retinto para él... Ligero... Como quien se quita una brasa de ya sabes dónde...

CATEDRAL. *(Sale corriendo y chillando)*. Ay, Virgencita de Concepción... Señor Crucificado de Manto... Virgen de los Desamparados. *(Se apagan las voces de Catedral)*.

(Disparos cerca del cuartel. Vivas al Ejército rebelde. Mueras al Gobierno. Vivas a Cinchonero. Mueras a Pedro Fernández. Nuevos disparos cerca del cuartel).

GENERAL FERNÁNDEZ. *(A gritos)*. ¡Es el ataque de Cinchonero...! *(Se pasea nervioso)*. ¡Estoy aislado del cuartel...! *(Saca una pistola de la gaveta)*. ¡Si vienen a la Comandancia me pegó un tiro...! *(Se la coloca en la cintura)*. ¡Mateo, por qué es que tardas...! ¡No vayas a olvidar el winchester...! *(Ahuecando las dos manos en la boca)*. ¡Luego con mi caballo patas blancas...!

MATEO. *(Gritando en el patio interior)*. ¡Todo está listo, general...! ¡Véngase para que salgamos por el portón de atrás...!

(Estruendo en la plaza de Juticalpa a la hora que canta el gallo).

UN GRITO EN LA PUERTA DE LA COMANDANCIA DE ARMAS. *(Con los pulmones de un toro)*. ¡Abajo los quintos, los diezmos y las alcabalas...!

OTRO GRITO EN LA PUERTA DE LA COMANDANCIA DE ARMAS. *(Con los pulmones de un garañón)*. ¡Viva Cinchonero, ladrones encorbatados y fustanudos...!

TELÓN

SEGUNDO ACTO

TOMA DE JUTICALPA

PRIMER CUADRO

CASERÓN DE LA COMANDANCIA DE ARMAS
DE JUTICALPA

Los revolucionarios del Valle Arriba tomaron por asalto a Juticalpa en la alta noche del diez de agosto de 1868. Hubo varios muertos de uno y otro bando. Perecieron en la lid, el coronel Nazario Garay, Mayor de Plaza de la ciudad, y Jorge Aguirre, novio de la joven Mercedes Fernández. También hubo avanzados. Cayó entre ellos el capitán Concepción Padilla, jefe expedicionario. El general Pedro Fernández, Comandante de Armas de Olancho, tuvo que escapar al perder el cuartel.

Las autoridades revolucionarias despachan en la Comandancia de Armas. Una comisión trajo del Cerro de El Vigía las cabezas enjauladas de los generales Antúnez y Zavala, que se hallan sobre la mesa de la sala mayor cubiertas con velos negros. En las puertas interiores y exteriores hay guardias de jinetes armados. En las piezas interiores se hallan los presos de las familias principales.

Julián Escobar está al cuidado de las cabezas en la sala mayor. Se pasea de sombrero empalmado con barbijo, camisa de manta, revólver y machete al cinto, pantalones de dril obscuro, sandalias y espuelas. Es el tipo de la mayoría de los rebeldes del Valle Arriba, menos la corneta que le cuelga del hombro izquierdo.

El avanzado Concepción Padilla está allí, sentado, mostrando un rostro feroz.

JULIÁN ESCOBAR. Una onza de alegría vale más que una onza de oro... *(Pausa)*. Como quien no dice nada, estamos de triunfo, en la Comandancia de Armas de Olancho, *(Pausa)*. Jamás había visto un ataque relámpago como el de anoche. *(Pausa)*. Si seguimos así, palabra que en un decir Jesús nos adueñaremos de la República... *(Pausa Se detiene frente a Concepción Padilla)*. Cinchonero es el hombre más bárbaro que hay en esta región... En un suspiro se tomó el cuartel... Se hizo dueño de Juticalpa... Dominó el departamento de Olancho... Hoy es el señor Comandante de Armas... Y este humilde servidor de los pobres, su más fiel Ayudante de Ordenes... *(Sonríe. Vuelve a pasearse)*. El coronel Garay, difunto Mayor de Plaza, era buen espadachín... Pero no sabía que el que se mete con Cinchonero se muere... Bastaron tres asaltos para que le hundiera la "guacalona" y lo hiciera ánima... *(Pausa)*. Dicen que la viuda es joven y bonita...

(Se vuelve a detener). El general Fernández escapó como un fantasma cuando empiezan a cantar los gallos... Viejo cobarde... Sólo para descabezar valientes, ayudado de traidores, es que sirve... *(Mira con dureza a Concepción Padilla)*.

La causa de Cinchonero tiene que llegar a la más alta cumbre del Poder. Adiós alcabalas, diezmos, primicias, quintos. Y adiós todo lo que tenga tufo de Medinón... *(Pausa)*. Cuesta trabajo creer que haya hombres que luchando al principio en favor de la causa de los humildes se pasen después a las filas del general Bejuco, y todo por salvar el "pellejo" ...

(Con fanfarronadas de payaso). Cuando Cinchonero llegue a la Presidencia de la República Federal, este humilde Ayudante de Ordenes será general divisionario... *(Pausa)*. Un día me dirá el señor Presidente:

—¡General Julián Escobar!.

Yo le contestaré:

—¡A su disposición, Excelencia...!

—Tome un ejército y va a abolir los quintos, las primicias, los diezmos y las alcabalas de los Estados de Nicaragua y Costa Rica...!

—¡Vuelo hacia allá, Excelencia...!

JULIÁN ESCOBAR. *(Marcha con firmeza)*. Y me almorzaré a los Medinones de aquellas tierras... *(Se detiene, con voz reposada)*. Basta de chistes al estar en presencia de los despojos de los generales Antúnez y Zavala... *(Miradas sobre Concepción Padilla)*. Cinchonero es bueno, es valiente, es de un peligroso arrojo temerario... Lo pueden matar... De repente me quedo en simple Ayudante de Órdenes... ¿Ambiciones...? Son tan pocas y tan pequeñas que apenas quiero caballo que llene las piernas, gallo que llene las manos y mujer que llene los brazos... *(Acciona como que va a abrazar. Se dirige a*

Concepción Padilla). ¿Y vos, viejo soldado del 65, te andás presentando para acompañarnos...?

CONCEPCIÓN PADILLA. *(Con arrogancia)*. Vengo del Boquerón a decirles que se los va a llevar el Diablo. Que serán molidos en el trapiche infernal. ¡Que les beberá la sangre el burro de aquel reino de espanto...!

JULIÁN ESCOBAR. *(Sonriendo)*. Conozco la leyenda del Boquerón que destruyó a San Jorge... Es un lugar maldito para los vecinos de Arimís, Punuare y Santa María del Real… Dicen que allí es el infierno... Que en el infierno hay un trapiche para moler a los condenados... Y que la sangre que destilan, se la bebe un burro diabólico... *(Pausa)*. A la vez que venís con el cuento, de repente te han molido a vos... Ya chorreaste la sangre... Ya te bebió el burro...Ya te arrojó convertido en hediondas aguas...Y al hacerte humo has volado a contarnos tu triste suerte... *(Sentencioso)*. No, Concepción... ¡Ese cuento no es para los hombres que siguen peleando por la causa del general Antúnez... ¡Ese cuento es para los traidores...!

(Concepción Padilla salta como el tigre sobre Julián Escobar. Los guardias de las puertas lo sujetan y lo sientan).

(Entra Agatón Ramos con lentitud, mojándose los dedos y pasando las hojas de su pequeño diccionario. Se detiene en el centro de la sala. Al verlo, Concepción Padilla pierde su aplomada serenidad. Va hacia las puertas como queriendo escapar. Pero lo sujetan y lo sientan. Se lleva las manos a la garganta, se rasca la cabeza, muestra desesperación).

JULIÁN ESCOBAR. Hermano Agatón, de seguro busca la palabra fusilamiento...

AGATÓN RAMOS. *(Retira los ojos del pequeño diccionario y contesta a Julián Escobar con su acostumbrada melosidad)*. Hermano Julián, busco la palabra carne. Como para estar claro en la definición, tengo que saber lo que significa mollar, encuentro que quiere decir blando, tierno… *(Sonríe)*. Fue que le dije al general en Guarizama que me estimara en lo que realmente valgo. Que antes comía toda clase de carnes porque no había entrado en la civilización. Pero que ahora me gustan las carnes de hidalgos gentilísimos, las carnes de bellas mujeres aristocráticas. Las carnes dulces y perfumadas de las altas personas que han tenido su pecadillo...

JULIÁN ESCOBAR. El pecadillo de darle a usted el puesto que le corresponde...

AGATÓN RAMOS. No por eso, precisamente. Por el pecadillo de no haber trabajado como nosotros en las minas, de no haber sembrado una milpa, de no haber cosechado un frijolar, de no haber domado un potro, de no haber ordeñado una vaca, de no haber hecho nada. *(Cruza los brazos)*.

En cambio, hermano Julián, se comen los quintos, se visten los diezmos, se beben las primicias, se embolsan las alcabalas, se juegan los demás tributos...

JULIÁN ESCOBAR. *(Riéndose)*. Hermano Agatón, y si yo le diera un tasajo gordo, ¿sólo que de carne prieta...?

AGATÓN RAMOS. *(Con mayor melosidad)*. Hermano Julián, ya sé para dónde va... Acaso me lo comería por aquello de que con hambre no hay mal pan... Pero ese tasajo prieto que usted dice no me lo comeré yo, porque al general Romero le gusta que todo vaya en orden. *(Se da vuelta en dirección de Concepción Padilla)*. El general Romero dice que ese tasajo prieto debe ser juzgado por un consejo de guerra. En ese consejo de guerra serán oídos los testigos de cargo y descargo. Y habrá, además, fiscal que acuse y letrado que defienda...

JULIÁN ESCOBAR. Así es, hermano Agatón. La revolución siempre debe fusilar y nunca asesinar.

AGATÓN RAMOS. *(Siempre con la mirada sobre Concepción Padilla)*. Él, hermano Julián, debería ser asesinado. Porque nos entregó a todos en Gualaco. A todos nos capturaron. Yo, desde luego, escapé por saber mis cositas... *(Sonríe)*.

JULIÁN ESCOBAR. Sin que me lo diga, hermano Agatón. Algo así como decir sus oraciones mágicas...

AGATÓN RAMOS. Así es, hermano Julián... Ahora, con perdón de usted me lo llevo para que lo juzgue el consejo de guerra que está reunido en el cuartel...

JULIÁN ESCOBAR. ¿Quiénes forman el consejo de guerra, hermano Agatón...?

AGATÓN RAMOS. Almitas inocentes de la revolución del 65, hermano Julián...

(A los guardias).

AGATÓN RAMOS. Muchachos, tengan la bondad de venir a amarrar a este angelito. *(Los guardias obedecen prestos).* En andas no lo vamos a llevar porque no trajimos.

(Concepción Padilla se agita y ruge, pero lo amarran y se lo llevan).

JULIÁN ESCOBAR. *(Consigo mismo).* El consejo de guerra... Papelotes... Hasta se me paran los pelos...

(Vuelve a pasearse con lentitud delante de las cabezas, de Antúnez y Zavala).

***

(Entra Cinchonero con manchas de sangre en la camisa. Lleva al cinto la terrible "guacalona", que toma del puño con la mano izquierda. Al avanzar unos pasos, dirige la mirada hacia la mesa donde están dos objetos cubiertos con velos fúnebres. Se detiene, quitándose el sombrero, y queda tan alto como es, con un severo perfil de bronce).

CINCHONERO. *(Guarda un silencio largo en el que recuerda a los generales Bernabé Antúnez y Francisco Zavala, los combates sangrientos y los sucesos trágicos de la revolución del 65).* Eran hombres en el verdadero sentido de la palabra... *(Pausa).* Eran buenos... *(Pausa).* Eran honrados... *(Pausa).* Querían a las gentes humildes... *(Avanza unos pasos hacia la mesa, queda en silencio un segundo, en seguida da media vuelta).* Eran unos grandes jefes... *(Busca una silla, se sienta, con la cara dura por el dolor de la evocación).* Conozco la historia completa, porque en consideración a mi arrojo como comandante de la caballería me habían nombrado tercer jefe de la revolución, sin tomar en cuenta la ignorancia que padezco... *(Pausa).* Recuerdo bien cuando me dijo el general Antúnez: ¿Has oído hablar del sabio Salomón? *(Pausa).* Yo le contestó que sí. *(Pausa).* Entonces me dijo él estas palabras: "Aquel rey soltaba las sentencias como si fueran mariposas". *(Pausa)*. Todas eran sentencias de justicia para el Pueblo Elegido. *(Pausa)*. Debes saber que el Pueblo Hondureño también es un Pueblo Elegido... *(Pausa)*. Y como me veía sufrir, agregaba: "No te preocupes, domador de potros, que si llevas en el corazón la justicia, eres un gran jefe del Pueblo Hondureño...". *(Se golpea el pecho)*. Es que llevo aquí un sufrimiento que, si es mío, también es de los demás... *(Pausa)*.

A pocas leguas de Cedros, apareadas nuestras bestias, bajo los ocotales de aquellos cerros, me dijo el general Zavala, con el modo de hablar de los campistas: Serapio, cuando caigamos Bernabé y yo, vos vas a ser el jefe de la revolución. *(Pausa)*. Para que tengás buen éxito, que tu "guacalona", sea la espada de San Miguel en favor de la causa del pueblo. *(Pausa)*. Nunca transijas con los enemigos porque te buscarán para traicionarte a la corta o a la larga. *(Pausa)*. Jamás pensés en la riqueza que te distancie de los aldeanos ni te vayas a casar con mujer de rango que te corrompa el corazón con sentimientos extraños a tu origen... *(Se acomoda la "guacalona")*. Me vivían aconsejando aquellos hombres como si supieran que estaba cerca su fin... *(Pausa)*. Julián...

JULIÁN ESCOBAR. *(Antes lo trataba de "vos", ahora lo trata de "usted")*. Diga, Jefe...

CINCHONERO. ¿Sabés vos por qué fue derrotada la revolución del 65?

JULIAN ESCOBAR. No, señor...

CINCHONERO. Francisco Dueñas, Presidente de El Salvador, le dijo a Florencio Xatruch que le daría armas para botar a José María Medina, Presidente de Honduras... *(Pausa)*. El Presidente salvadoreño quería de aliado a un Presidente hondureño para hacerle la guerra a Rafael Carrera, Presidente de Guatemala... *(Pausa)*. Carrera y Medina eran aliados en contra de Dueñas... *(Pausa)*. Xatruch era un buen hombre. Quería ser Presidente de Honduras para mejorar el país y para cooperar en el esfuerzo de ponerle fin al peligro que representaba Carrera... (Pausa). Con este objeto, el general Xatruch, Comandante de Armas de San Miguel, dirigió cartas a los generales Antúnez y Zavala en las que les decía que la fecha fija invadiría el territorio hondureño y que éstos se levantaran en Olancho para agarrar a dos fuegos a Medinón... *(Pausa)*. El caso del 65 fue que los generales Antúnez y Zavala se levantaron en Olancho y el general

Xatruch no invadió la frontera hondureña en el día indicado...
(Pausa). ¿Vas entendiendo, Julián?

JULIÁN ESCOBAR. Perfectamente, general...

CINCHONERO. Hay hombres que tienen la inconstancia del viento, Carrera murió, y entonces Dueñas desapoyó a Xatruch para que no invadiera la guardarraya hondureña porque ya estaba de acuerdo, en pacto secreto, con Medinón... *(Pausa)*. Así fue que Medinón cargó sobre nosotros en Olancho, produciendo la Ahorcancina...

JULIÁN ESCOBAR. General, han dicho que Carrera apoyaba a Xatruch y que como en eso murió no se produjo la invasión sobre Honduras...

CINCHONERO. *(Lleno de cólera)*. ¡Miente quien lo diga...! ¡Dueñas engañó a Xatruch...! ¡Y porque no invadió Xatruch es que están esas cabezas allí...! *(Se levanta, alza la mirada al cielo)*. ¡Juro ante Dios que castigaré a los asesinos de los generales Antúnez y Zavala!

María Serrano llega repentinamente a Juticalpa. Ha viajado de noche, acompañada del Ayudante de Ordenes del general Bernabé. Antúnez, el viejo Dionisio Torres. Se presenta en la sala mayor de la Comandancia de Armas, pálida a causa del desvelo, pero llena de voluntad. Gran jinete como la mayoría de las mujeres olanchanas del siglo XIX, a la usanza española, se adorna con sombrero de barbijo; blusa de cuello alto con mangas hasta los puños; amplias y largas enaguas de montar, que recoge con la mano izquierda, dejando ver un espolín en la bota. Cinchonero y Julián Escobar quedan sorprendidos en presencia de la joven maestra y del anciano que la acompaña, harto conocido de ellos.

CINCHONERO. ¡María...María en persona...! *(Casi está a punto de abrazarla, pero se detiene)*.

MARÍA SERRANO. ¡Serapio...!

Cinchonero vacila entre María y el anciano. La primera es la maestra venerada. El segundo es como un padre para él.

CINCHONERO. *(Se dirige al anciano).* ¡Don Nicho Torres, venga a mis brazos...! *(Lo abraza con efusión).* ¡Qué dicha volver a verlo...! *(Apoya sus manazas sobre los hombros del viejo).* ¡Lo creía muerto...! *(Lo contempla con satisfacción).* ¡No sé quién me dijo que lo habían matado en Mirajoco...!

DIONISIO TORRES. *(Alegrísimo, con voz pectoral de anciano).* Es cierto... Me colgaron allá donde decís...Es que ahora ando saliendo...

(Ríen ambos con clara y franca risa campesina).

CINCHONERO. *(Vuelve a ver a María).* ¿Y qué anda haciendo con esta muchacha, viejito pícaro...?

DIONISIO TORRES. Venía siguiéndote y al pasar por Guarizama me la "jayé" y entonces me la traje...

(Vuelve a reír. Cinchonero deja a Dionisio Torres y atiende a María. Julián Escobar y el viejo, en escena muda, conversan muy alegres).

CINCHONERO. María... Le dije que no viniera...

MARIA SERRANO. Se me vino el alma con ustedes. Y como el cuerpo sigue al alma... Aquí estoy...

CINCHONERO. *(Admirado).* Valiente mujer que en tiempo de guerra sube la cuesta del Cacao, atraviesa la montaña del Uval y baja la cuesta del Quebracho...

MARIA SERRANO. *(Agradecida por el reconocimiento de su esfuerzo).* Es que quiero ayudarle en el despacho al nuevo Comandante de Armas... *(Resuelta).* Es que quiero el triunfo de esta revolución... *(Pausa).* Pienso que fue dura la lucha.

CINCHONERO. Fue dura... Hubo muertos... Murió el coronel Nazario Garay, Mayor de Plaza... Murió un joven Aguirre que estaba para casarse... Perecieron otros.

MARIA SERRANO. ¿Y el general Fernández...?

CINCHONERO. Estuvo presente en los primeros disparos... Luego desapareció... No me gusta su salida porque puede regresar con tropas organizadas...

(PASA UN VIENTECILLO DE NOTAS FUNERALES).

MARIA SERRANO. *(Vuelve el rostro hacia la mesa donde están las cabezas de Antúnez y de Zavala bajo mantos fúnebres)*. ¿Y...esos velos negros...?

CINCHONERO. *(Con voz profunda)*. ¡Son... no he querido verlas...!

MARÍA SERRANO. *(Bajo una descarga nerviosa)*. Yo tampoco las veré. . . No las veré jamás... *(Llora y se lamenta)*. ¡Padrecito mío! ¡Padrecito querido! ¡Padrecito de mi alma! ¡General Antúnez, aquí está tu hija María! ¡Tu pobre hija María! ¡Tu desdichada hija María!

(Cambia de lugar con la vista puesta en los mantos fúnebres).

MARÍA SERRANO. ¡Mira, padrecito, que ahora tu hija María Antúnez se llama María Serrano para defenderse del bandidaje! ¡Mira, padrecito, que sola yo he quedado en el mundo porque ¡además familia ha sido exterminada!

(Cinchonero y Julián Escobar muestran una terrible sorpresa, Dionisio Torres llora en silencio, abrumado en un rincón de la sala).

MARÍA SERRRANO. ¡Padrecito mío, mi madre murió de pena! ¡No había quien la enterrara! ¡No había hombres que la llevaran al cementerio! ¡Unas mujeres caritativas le dieron sepultura!

(Cinchonero se le acerca y la sostiene).

MARÍA SERRANO. ¡Mis hermanos fueron asesinados! ¡Mis hermanas huyeron y no se sabe dónde están! ¡Las creo muertas, muertecitas!

(Cinchonero la sienta en una silla).

MARÍA SERRANO. ¡Solo yo he quedado en el mundo! ¡Ay, padrecito querido! ¡Ay, padrecito de mi alma!

(María Serrano llega al colmo de la desesperación. Cinchonero se dirige hacia el viejo Nicho Torres, le habla en voz baja, y regresan ambos en dirección de María. El viejito la levanta tiernamente).

DIONISIO TORRES. *(Con voz quebrada por el llanto).* Vamos, hijita. .. Vamos, que estás cansada...

MARÍA SERRANO. *(Levantándose lentamente y sollosando).* Adiós, padrecito querido... Adiós, general Zavala...

(El anciano la lleva en dirección de una pieza vecina. Cinchonero los acompaña hasta la puerta y regresa.)

(En el instante de salir María Serrano, pasa una ráfaga de notas funerales).

***

(Entra Cirilo Mendoza con su "cola de gallo" al cinto. Se acerca a Cinchonero. Julián Escobar se aleja hasta un rincón de la sala).

CINCHONERO. ¡Julián!

JULIÁN ESCOBAR. ¡Mande, general! *(Se acerca).*

CINCHONERO. Andate a ver las mujeres, tal vez quieren algo.

JULIÁN ESCOBAR. ¡Al momento, general! *(En voz baja).* No me pasa la sorpresa. Hasta me parece que he 1lorado... *(Sale).*

CINCHONERO. ¿Cirilo dónde dejaste a María Serrano?

CIRILO MENDOZA. En Guarizama.

CINCHONERO. Está aquí.

CIRILO MENDOZA. *(Admirado).* ¡La Niña María!

CINCHONERO. Adiviná el verdadero nombre de María Serrano...

CIRILO MENDOZA. *(Cavilando).* Es difícil... No adivino...

CINCHONERO. Se llama María Antúnez.

CIRILO MENDOZA. María Antúnez... ¿Y eso por qué...?

CINCHONERO. Porque es hija del general Bernabé Antúnez...

CIRILO MENDOZA. *(Sorprendido).* Hija del general Bernabé Antúnez...

CINCHONERO. Como lo estás oyendo...

CIRILO MENDOZA. *(Siempre sorprendido).* ¿Entonces esta es una chigüina bonita que conocí en casa del general...?

CINCHONERO. *(Afirmando con la cabeza).* La misma.

CIRILO MENDOZA. Jesús, qué cosas... *(Señalando hacia los mantos fúnebres).* ¿Y anda viendo ese cuadro horrible...? ¿No le dijiste que se quedara en Guarizama...?

CINCHONERO. Con todo, vino. Se empeña en ser secretaria del Comandante de Armas... En ayudar a la revolución...

CIRILO MENDOZA. Ahora, comprendo... Tiene sus razones... No se lo debes impedir... ¿Y vio las cabezas...?

CINCHONERO. Sólo vio los velos... Ha llorado como no te imaginás. . . ... Me ha partido el alma...

CIRILO MENDOZA. Te creo... Es que para un hijo es horroroso ver ese cuadro... *(Haciendo memorias).* Estaba muy pequeñita cuando la conocí... Barbarita la llamaba en casa del general...

(Guardan largo silencio, cabizbajos).

CINCHONERO. Cirilo, te pregunto en nombre de esos restos, ¿qué clase de guerra estamos haciendo?

CIRILO MENDOZA. ¿Qué clase de guerra? Contra el despotismo. ¿Acaso no vamos contra Medinón?

CINCHONERO. Me corregís si me equivoco. Yo creo que andamos en una guerra del pueblo campesino...

CIRILO MENDOZA. *(Inquisitivo).* ¿Por qué...?

CINCHONERO. Por los hombres que somos. Aldeanos, labradores, campistas, arrieros, partideños. Todos somos campesinos.

CIRILO MENDOZA. *(Tanteando con el pensamiento y moviendo la mano).* Como que es cierto... No andan gamonales, gorgueras, ricos, curas, militares emperifollados, escribanos amanerados...Tenés razón...

CINCHONERO. Fijate en lo que te voy a decir... Si me equivoco me corregís... Formamos un ejército campesino en el Valle Arriba. Capturamos el gobierno de Olancho. ¿Qué vamos a hacer ahora? Debemos hacer algo. Y ese algo es ganarnos a todo el pueblo dándole sus derechos largo tiempo arrebatados. *(Con el índice de la mano derecha va tocándose los dedos de la mano izquierda).* ¿Tenemos que abolir inmediatamente los quintos, los diezmos, las primicias, las alcabalas y los demás tributos de Medinón... Estás de acuerdo?

CIRILO MENDOZA. *(Sentencioso)*. Estoy de acuerdo... *(Sorprendido)*. ¿Pero dónde has aprendido eso de la naturaleza de nuestro ejército? Porque hay ejércitos que son distintos al nuestro. Los ejércitos que defienden privilegios. Sos iguala un abogado...

CINCHONERO. *(Con sarcasmo)*. ¿Igual a un abogado. . .? ¿Y la escuela de la vida dónde la dejás...? Hay dos libros en que se aprende, Cirilo... El escrito en el papel y el escrito en el pellejo. Vos te quemaste las pestañas en el primero... Yo llevo las cicatrices del segundo. . .

CIRILO MENDOZA. *(Medio ofendido)*. Bien sabés que dejó los papeles en Comayagua para tomar filas en la revolución, donde se aprende más...

CINCHONERO. Por esa maestra es que son tan "alebrestados" los olanchanos... Enseña más una ahorcancina que un colegio...

CIRILO MENDOZA. Creo que se complementan...

CINCHONERO.A veces decís palabras que no entiendo. Bueno, voy a lo mío. La Comandancia de Armas de Olancho en nuestras manos deben servir para algo. Hoy mismo vamos a abolir todos los tributos... Con la abolición de los tributos, todo el pueblo olanchano apoyará al gobierno regional que le da libertad. *(Pausa)*. La noticia de la abolición de los tributos en Olancho, volará en alas del viento y entonces tendremos el apoyo del pueblo en Tegucigalpa, en la misma Comayagua, en Gracias y en los Llanos de Santa Rosa... *(Pausa)*.

Acordate que contábamos con ese apoyo el año 65. Nosotros no hacemos más que repetir aquello... *(Pausa)*. En suma, haremos una revolución campesina en la República contra las infames tributaciones... Y triunfaremos con toda seguridad... Es por lo único que puedo ofrecer el pescuezo... *(De acuerdo)*.

CIRILO MENDOZA. *(Pensativo)*. ¿Te proponés arruinar a los propietarios...?

CINCHONERO. Exactamente, como nos han arruinado a nosotros... Cuando dejen de recibir lo que les hemos dado con tanta devoción y carezcan del gobierno que les servía para exprimirnos entonces empezarán a gastar lo que guardan en los cofres y a desenterrar las botijas para pagar mozos y tributos...

CIRILO MENDOZA. *(Curioso)*. ¿Pagarán tributos ellos?

CINCHONERO. Los pagarán para sostener al nuevo gobierno.. *(Meditando)*. Por de pronto, no sé cómo se logrará eso. Después lo veremos...

CIRILO MENDOZA. *(Alegre)*. Por eso dicen que tenés pacto con el Diablo... Si supieran lo que estás ideando, se irían de espaldas... *(Reflexivo)*. Medinón está pensando en traer el ferrocarril a la República... Eso se llama progreso...

CINCHONERO. Y quién dice que nosotros, pobres ignorantes, ¿no podemos hacer cosas mejores? Debemos darle vuelta a la tortilla con la revolución, y luego, Cirilo, pensar en cosas nuevas como eso del ferrocarril... Desde el gobierno podremos hacer cambiar la vida asquerosa en que nos movemos y saludar una nueva vida. *(Enérgico)*. ¡Ya les probaremos que estos tontos son más vivos que ellos...! *(Solemne)*. Parece que nos hemos entendido en presencia de las cabezas de nuestros jefes...

CIRILO MENDOZA. *(Elevando la mirada al cielo)*. Que Antúnez y Zavala nos bendigan desde su gloria.

CINCHONERO. *(Creyente)*. Nos bendicen, Cirilo. ¿No te parece una bendición la presencia de María Serrano...?

CIRILO MENDOZA. Es un precioso signo de su bendición.

CINCHONERO. *(Levantándose casi de un salto, con agilidad de tigre)*. Y ahora, vamos al ejercicio del gobierno regional. A la abolición de los diezmos y las primicias. A la abolición de las alcabalas.

CIRILO MENDOZA. *(Levantándose con lentitud mientras piensa)*. Así se hace. Primero los tiros y después los decretos.

CINCHONERO. ¡Decretos de libertad!

SEGUNDO CUADRO

CASERÓN DE LA COMANDANCIA DE ARMAS DE JUTICALPA

Entra Julián Escobar seguido de los demás jefes rebeldes. Todos se descubren, dirigen miradas de respeto hacia la mesa donde están las cabezas de Antúnez y Zavala cubiertas con velos negros y luego saludan a Cinchonero y Cirilo Mendoza con la costumbre campesina de llevarse el dedo índice a la frente. Buscan taburetes y se van sentando en semicírculo. Cinchonero y Cirilo Mendoza se levantan y colocan sus asientos a uno y otro lado de la mesa.

CINCHONERO. Todos ustedes se han portado bien. Han capturado el gobierno de Olancho. Si continúan así, pronto asaltarán el gobierno de la República... *(Pausa)*. Gracias al asalto de la noche del diez, que tardó lo que dura un relámpago, contamos con cañones, pólvora, fusiles y cartuchos... *(Pausa)*. En esta operación volveremos al Valle Arriba, a recoger los hombres que están reuniendo nuestros amigos allá y tomaremos un nuevo camino para caer por sorpresa sobre Comayagua... *(Pausa)*. No repetiremos cl crror de ir a Cedros y menos de pelearnos por pequeñas diferencias como lo hicieron los generales Antúnez y Zavala... *(Pausa)*. ¿Le parece, coronel Guilebaldo Reyes...?

GUILEBALDO REYES. *(Con su modo de hablar pausado y con sus muletillas)*. Usté es el que manda, general Romero. Nosotros sólo obedecemos. Así es, comonó, sí señor...

CINCHONERO. ¿Mayor Agatón Ramos, fue puesto a la orden del consejo de guerra el traidor Concepción Padilla?

AGATÓN RAMOS. *(Con su acostumbrada melosidad)*. Príncipe del pueblo olanchano, de repente el consejo de guerra, muy apegado a las fórmulas, va a poner en libertad al reo, porque hay más testigos de descargo, mientras que de cargo sólo está su atento y seguro servidor. Ustedes saben que el general Antúnez y sus ayudantes fueron pasados por las armas y que sólo yo escapé gracias a mis artes mágicas...

(Todos los jefes rebeldes sonríen y cuchichean los que están próximos. Prosigue Agatón Ramos con su inagotable deseo de hablar).

AGATÓN RAMOS. Ha de recordar, general, lo que le dije, que los consejos de guerra tenían sus inconvenientes, mientras que los hombres que hemos venido al mundo con la santa misión apostólica, usted me entiende, estas cosas las aprontamos con la facilidad del que hace un nudo corredizo...

(Vuelven a sonreír).

AGATÓN RAMOS. Yo le dije que me había acostumbrado a las carnes blancas y aristocráticas. Que me producían indigestión las carnes prietas y faltas de buen pasto. Pero que en el caso del traidor Concepción Padilla, estaba dispuesto a darle un mal rato a mi pobre estómago...

(Entonces es él quien sonríe).

CINCHONERO. ¿Y al capitán Gabriel Cárcamo, cómo lo ha ido en la colecta de onzas españolas...?
GABRIEL CARCAMO. *(Con sus cabezazos y sus muletillas).* ¡Por Crilias! Como les decía yo en los valles... ¡Que de las agallas les iba a sacar el pisto a los ricachos y los sotanudos... ¡Je! ¡Y se los he sacado sin términos ni contemplaciones...¡Je!
CINCHONERO. ¿Tiene mucho...?
GABRIEL CARCAMO. Más de lo que sé contar... Lo que hago es meterlo en guangochos... Tengo para cargar unas cinco mulas... ¡Je! *(Todos ríen).* ¡Ahora estoy pensando que los guangochos se me pueden romper...¡Je! *(Vuelven a reír).* ¡Si no fuera ese tesoro para botar a Medinón, con Chepa viviríamos como príncipes el tiempo que vamos a mover las quijadas... ¡Je!

(Ríen estrepitosamente).

CINCHONERO. ¿Y el ayudante de órdenes...?
JULIAN ESCOBAR. ¡Siempre listo para soplar el clarín!

(Involuntariamente, todos dirigen miradas a los velos fúnebres).

CINCHONERO. Las chanzas de los señores nos han obligado a reír en lugar solemne... *(Pausa).* Tenemos que conversar con los reos distinguidos... *(A Julián Escobar).* Vas corriendo y traés a los principales...

(Sale Julián Escobar).

Los demás jefes rebeldes disponen los taburetes para recibir a los reos que se hallan en las salas interiores. Los revolucionarios del Valle Arriba se sientan en hilera a la izquierda de la sala mayor de la Comandancia de Armas. De un modo general, guardan silencio, fuman, tosen, cuchichean unos con otros. Quien habla con más frecuencia es Cinchonero.

Guiados por Julián Escobar, entran a la sala los presos de la Comandancia: doña Dolores Garay, esposa del general Pedro Fernández; doña Irene Zelaya, esposa del coronel Nazario Garay; la señorita Mercedes Fernández; y el Padre Rafael Becerra, cura párroco de Juticalpa y administrador de los bienes eclesiásticos en Olancho.

Los aristócratas republicanos —como les llama William Wells en sus notas de viaje de 1853— entran rezando oraciones de bien morir. Se detienen con temor al ver a los revolucionarios. Y se llenan de espanto al mirar en la mesa los objetos cubiertos con velos fúnebres. Conciben como en un relámpago que están allí las cabezas del general Pedro Fernández y el coronel Nazario Garay.

Se sientan a la derecha con mal contenida nerviosidad.

ENTRA UNA RÁFAGA DE NOTAS FÚNEBRES QUE LUEGO SE APAGA.

CINCHONERO. *(Alto, impasible, con voz de trueno).* ¿Quién de ustedes es Irene Zelaya de Garay...?
DOÑA IRENE. *(Helada hasta la médula de los huesos).* Yo... señor...
CINCHONERO. ¡Queda en libertad!
DOÑA IRENE. Gracias... señor... *(Extiende la diestra hacia los objetos velados).* Y...

CINCHONERO. ¡Para enterrar al coronel Nazario Garay...!

DOÑA IRENE. *(Lanza agudos gritos).* ¡Nazario...! *(Se dirige a los objetos velados).* ¡Te mataron...! *(Regresa en dirección de Cinchonero).* ¡Deme su cabeza...! ¡Deme su cuerpo...! ¡Démelos para enterrarlos juntos...!

(El dolor de Doña Irene es extremado. El Padre Becerra se acerca para sostenerla. Doña Dolores se aferra de la silla para contrarrestar su nervosidad. La Niña Mercedes denota ausencia espiritual).

CINCHONERO. *(Se dirige a la hilera de jefes rebeldes).* ¡Coronel Agatón Ramos...! ¡Acompañe a la señora...! ¡Le entrega el cadáver de su marido...! ¡Hágale todas las facilidades del caso...! ¡Y si esa señora llegara a sufrir algún daño por su causa, lo fusilo...!

AGATÓN RAMOS. *(Con su melosidad de criminal nato).* Cumpliré sus apreciables órdenes, general Romero. No tenga cuidado... Cuidaré como si fuera mi propia persona a la hermosa viuda...

(Sale Doña Irene lamentándose a gritos. La sigue Agatón Ramos).

CINCHONERO. *(Con la mirada sobre las dos mujeres, casi iguales en edad).* ¿Quién de las dos es Dolores Garay de Fernández...?

DOÑA DOLORES. *(Con llanto bajo y convulsivo).* Ya lo sé... Deme su cabeza... *(Avanza hacia los objetos velados. La detiene suavemente el Padre Becerra).* También deme el resto de su cuerpo... Deme sus despojos para darles santo entierro... Ay, Pedro...cómo te quería... cómo era de feliz a tu lado.. Ahora no sé qué voy a hacer.. Maldita guerra, destructora de la felicidad...

(Se desploma. El Padre Becerra la levanta, la sienta y sigue con su llanto bajo y convulsivo).

CINCHONERO. ¡Señora, su marido está vivo...!

DOÑA DOLORES. *(Con una mueca denota el paso de la desesperación a la sorpresa. Quiere y no puede hablar. Al fin lo consigue).* Pero está preso... está preso... *(Corre a arrodillarse ante Cinchonero).* De rodillas le pido que le perdone la vida... *(Cruza los* *dedos y eleva las manos en señal de súplica)*. El no es malo, señor... El obedece...

CINCHONERO. ¡Su marido está libre...!

DOÑA DOLORES. *(Se levanta y se retira con el dorso de la diestra en la boca. Como inconsciente, pretende sonreír)*. Pedro está vivo...Pedro está libre...

CINCHONERO. ¡Quien no está libre ni podría vivir es usted...!

DOÑA DOLORES. *(Con voz tranquila, viendo a todos lados)*. No estoy libre... ni puedo vivir… No comprendo... ¿Qué debo yo, señor...? Una mujer de su casa... ¿Qué debo yo...?

CINCHONERO. ¡En cuanto Pedro Fernández ataque la Plaza, usted será la primera víctima...!

DOÑA DOLORES. *(Se sienta, casi idiotizada)*. Yo seré la primera víctima... Me van a matar... Yo seré la primera Víctima... *(Abrumada, inclina la cabeza)*.

CINCHONERO. *(Mirando a Mercedes Fernández)*. Y usted es la niña Mercedes Fernández...,

MERCEDES. *(Hace por hablar y no le vale la voz. Cabecea)*.

CINCHONERO. Prepárese a morir si su hermano ataca la Plaza...!

MERCEDES. *(Con una repentina energía. Bella en su transfiguración)*. Señor, permita que me confiese ante usted... Yo no comprendo todo esto... Yo no sé por qué pelean los hombres... Sólo sé que soy una joven con deseos de vivir mil años... Que busco la felicidad con vehemencia...y que mi corazón es de un joven guapo y sonriente que tiene todos los adornos de los sueños... *(Pausa). (Da un paso sobre Cinchonero)*. Señor, si usted ha amado alguna vez, estoy segura que comprende mis palabras...

CINCHONERO. *(La contempla. Le pasa por la mente la imagen de María Serrano. Y habla con voz suave)*. Julián, pasá a estas mujeres al lugar de su reclusión. Ordenás a la guardia que las atienda y las respete. ¡Y que si yo, Serapio Romero, llego con intenciones de ultrajarlas, que me fusilen...!

JULIAN ESCOBAR. Entendido, general... *(Aparte y admirado de las dos mujeres)*. Faltan ojos para ver los milagros que hace Dios...

(Salen).

CINCHONERO. *(Se dirige con arrogancia al Padre Rafael Becerra).* ¿Conque usted es el caballero Rafael Becerra...? ¿Ve usted esos objetos cubiertos con velos negros...?

PADRE BECERRA. *(Con aparente serenidad).* Sí, los estoy viendo, hijo...

CINCHONERO. Evite el parentesco, que no existe...Sobre todo, evite la ofensa, que mi madre fue mujer honrada... *(Pausa).* ¿Imagina usted lo que son esos objetos...?

PADRE BECERRA. *(Ligeramente nervioso).* Francamente no, general.

CINCHONERO. *(Altanero).* ¡Usted sabe que miente, porque desde un principio ha advertido lo que hay allí...!

PADRE BECERRA. *(Quiere hablar, pero Cinchonero se lo impide con una señal).*

CINCHONERO. ¡Recuerde que está hablando con el general Serapio Romero, jefe de la revolución contra los diezmos y las primicias y Comandante de Armas del departamento de Olancho...!

¡No olvide que lo puedo poner a la orden del consejo de guerra y mandarlo a fusilar...! Así es que va dejar las vivezas para otra ocasión...! ¡Su deber es contestar llanamente...! *(Acercándose al Padre Becerra).* ¿Dígame, caballero Becerra, ¿cree usted en Dios...?

PADRE BECERRA. *(Casi descontrolado).* Si creo, general...Soy sacerdote...

CINCHONERO. ¡Falso...! 'Usted finge creer en Dios en presencia de los burros...! ¡Pero usted es ateo...! Esta palabra se la he aprendido al inteligente de la revolución... *(Vuelve a ver a Cirilo Mendoza).* ¡Se la he aprendido a Cirilo Mendoza...! Caballero Becerra, ¿cree usted en Cristo...?

PADRE BECERRA. *(Mecánicamente).* Sí, general...Soy sacerdote católico...

CINCHONERO. ¡Todavía es más falso...! ¡Usted no va a ofender a Cristo en mi presencia porque somos amigos...! ¡Si se atreve a ofenderlo lo mando a fusilar...! ¡Usted está lejos de creer en el lirio de Galilea…! ¡Para que se convenza, haga la cuenta...! *(Se toma dedo por dedo para contar).* ¡Primero, usted es un disoluto debajo de esos trapos...! ¡Le conozco sus "maturrangas"...! *(Se dirige a Cirilo Mendoza).* ¡Mirá, Cirilo, crees vos que este torazo, tan gordo y tan chapudo, no tenga mujer...? *(Se dirige a Guilebaldo Reyes).* Cree

usted, coronel Reyes, que este hombre no tenga su "entretención"...?
(Se dirige al Padre Becerra).

¡Segundo, usted, caballero, vive del trabajo ajeno...! ¡Si en el principio, Dios le dijo al afligido Adán, ganarás el pan de cada día con el sudor de tu frente, ¡usted lo gana con el sudor de la frente de otros...! ¡Y no me venga con que decir misa es trabajo... ! ¡Porque si lo es, usted lo hace a medias...! ¡Por ejemplo, pide gloria para los asesinos del 65, en cambio no se ha acordado de rezar una oración por las almas de Antúnez y Zavala...! *(Señala los velos fúnebres).*

(Enfurecido se acerca al Padre Becerra, le toma las manos y se las muestra a los jefes rebeldes). ¡Véanle las manos...! *(Les da vuelta).* ¡Véanselas...! ¡Si parecen manos de muchacha...! ¡Palabra que este hombre tiene menos afanes que aquella jovencita, hermana de Pedro Fernández...! *(Se las suelta con desdén).*

(Vuelve a contar sobre los dedos). ¡Tercero, usted es uno de los horcones en que descansa el despotismo de Medinón...! *(Casi gritando).* ¡Sí, porque le ayuda en el bandidaje de arrancarle a los campesinos los diezmos y las primicias...!

¡Cuarto, usted confiesa a la gente para ver qué sabe en contra del gobierno y corre a contarle todo lo que agarra al Comandante de Armas...! *(Se dirige a Cirilo Mendoza).* ¿Cómo les dicen, Cirilo, a los que dan parte...?

CIRILO MENDOZA. Chismosos... Como Tata Lupe...

CINCHONERO. *(Con energía).* ¡Usted es un chismoso...! ¡Lo que quiere decir que usted no es sacerdote de Dios ni es hombre...! *(Sarcástico).* ¡Je...! ¡Creía Becerrita que ignorábamos sus movimientos...! ¡Je...! ¡Creía el curita que no llegaban sus noticias al Valle Arriba...! *(Vuelve a ver las cabezas y se dirige, gritando, al Padre Becerra).* ¡Vaya inmediatamente a enterrar las cabezas de los jefes del 65...! *(Lo empuja).*

(El Padre Becerra se acerca a la mesa. Con manos temblorosas toma uno de los trofeos y se lo acomoda al lado izquierdo. Con dificultad trata de situarse el otro al lado derecho).

CINCHONERO: ¡Ayúdele con una cabeza, capitán Cárcamo...! ¡Acompáñelo, y si le ve malicias lo lleva al consejo de guerra para que lo juzgue y lo fusile...! ¡Quiero el mejor entierro que se haya visto en Juticalpa...! ¡Que las cabezas vayan en ataúdes, como si en ellos también fueran los cuerpos...! *(Sarcástico)*. ¡Uno de los mandamientos de la Iglesia es enterrar a los muertos...! ¡Tres años estuvieron expuestas las cabezas de Antúnez y Zavala en el Vigía y no las enterró ese bárbaro...! Vos, Cirilo, vas a dirigir las honras fúnebres. ¡Conducís el Ejército! ¡Que haya marchas solemnes! ¡Que haya cañonazos! ¡Que concurra el pueblo! ¡Que se confundan el pueblo con el ejército diciendo adiós a los generales Antúnez y Zavala...! ¡El cura ese dirá la hora de los funerales con el toque de campanas! ¿Entendidos?

(Cirilo Mendoza y los demás jefes mueven la cabeza aprobando).

CINCHONERO. *(En voz baja)*. Yo no quiero estar presente en ese acto. Me quedaré con María. Alguno debe acompañar a la hija del general Antúnez. *(En voz alta)*. Capitán Cárcamo, que la misa sea solemne. No le despegue el ojo al cura. Y ahora, viaje a la iglesia... *(Suena los dedos)*.

(Salen el Padre Becerra y Gabriel Cárcamo llevando las cabezas de Antúnez y Zavala).

PASA UNA RÁFAGA DE NOTAS FUNERALES.

***

(Se presenta en la puerta de la Comandancia de Armas)

EL DESCONOCIDO. *(Inclinándose)*. Buenos días, señores...

(Todos contestan el saludo).
Un personaje desconocido, como de treinta años, de grata presencia, de bigote y perilla, de vestido negro y cadena de oro en el chaleco. Los jefes rebeldes lo observan curiosos).

CINCHONERO. *(Agradablemente. impresionado)*. Buenos días, caballero. Pase usted. Siéntese.
EL DESCONOCIDO. *(Con aplomo)*. Deseo hablar con el general Romero.

CINCHONERO. *(Adelantándose).* Serapio Romero, servidor de usted. *(Le da la mano).* Hable con entera confianza.

EL DESCONOCIDO. Empiezo por decir que me llamo Francisco de Paula Flores, de origen cubano... *(Pausa).* Después del fracaso de la revolución que busca la libertad de Cuba, capitaneada por los señores Carlos Manuel de Céspedes, Tomás Estrada Palma y Máximo Gómez, desembarqué en el puerto de Trujillo en enero de este año, acompañado de los profesores José María Izaguirre y Manuel Fleury, buscando asilo hondureño... *(Pausa).* De Trujillo pasamos a Juticalpa, donde fuimos bien recibidos, al punto que se nos ha confiado una escuela en la que impartimos enseñanza laica y hemos desterrado el catecismo de Ripalda... *(Pausa).*

Como en esta acogedora población, nuestras relaciones son amplias, varias familias distinguidas me han suplicado que venga a donde usted a pedirle clemencia por las personas presas... (Pausa). Yo le ruego, general, darles su libertad.

CINCHONERO. ¿Dice usted que se llama Francisco de Paula, Flores?

MAESTRO PANCHO. Sí,señor...

CINCHONERO. ¿Qué es patriota cubano?

MAESTRO PANCHO. Sí, señor...

CINCHONERO. ¿Qué lucha por la libertad de Cuba?

MAESTRO PANCHO. Sí, señor...

CINCHONERO. ¿Quiere decir que le gusta la libertad?

MAESTRO PANCHO. Es el alma del hombre, como individuo y como pueblo...

CINCHONERO. ¿Quién niega la libertad de Cuba?

MAESTRO PANCHO. España.

CINCHONERO. ¿Cómo la niega?

MAESTRO PANCHO. Cuba sigue siendo colonia española. Centro-América ya no lo es. En Cuba sigue habiendo esclavitud. En estos países ya no la hay. Por eso nosotros los cubanos somos unos desdichados. Ustedes han alcanzado la dicha...

CINCHONERO. *(Se dirige a los jefes rebeldes).* Habla bonito el maestro... ¿Qué dicen de sus palabras...?

(Le contestan con un pugido).

CINCHONERO. *(Se dirige al Maestro Pancho).* ¿Así es que usted cree que se acabó la esclavitud en estos países...?

MAESTRO PANCHO. *(Cauteloso).* Me parece, quizás por el poco tiempo que tengo de estar en Honduras...

CINCHONERO. *(Sarcástico).* ¿Sabe usted lo que ,son quintos...?

MAESTRO PANCHO. Perfectamente. Contra los quintos lucha la revolución cubana. Son el tributo que se sigue pagando al rey, y que consiste en la quinta parte de los tesoros, presas marítimas y otras adquisiciones a título gratuito...

CINCHONERO. Entre nosotros, señor cubano, los quintos que se le pagaban al rey por el oro arrancado a las minas y recogido en los lavaderos del Mangulile, el Guayape, el Guayámbre y el Wasprasni, ahora se pagan en la misma forma a los propietarios de los cerros mineros y de las márgenes de los ríos. No hay escapatoria... *(Pausa).* Con el agregado, señor cubano, que los propietarios le llaman quintos por capricho a la parte que cobran por las tierras que les prestan a los pobres para sembrar maíz y frijoles. *(Abre los brazos).* Es que toda esta tierra es de ellos y la alquilan a su antojo...

Con el añadido, patriota cubano, que los propietarios también le llaman quintos a la porción que cobran por los pastos de los sitios donde comen el ganado de leche y las bestias de pelo. (Acentúa con la cabeza). Es que todo esto son mercedes del rey en favor de ellos y los gobiernos no se han acordado de las gentes que sudamos la gota gorda en el trabajo... *(Pausa).* Y con el sobornal, señor Flores, que se pagan quintos por beber agua. Quintos por respirar. Y quintos por ver la luz del día...

MAESTRO PANCHO. *(Con aplomo).* Los patriotas cubanos siempre decimos la verdad. Perdone, pero me parece, general, que ha exagerado un poco...

CINCHONERO. *(Sonríe).* No, maestro. No hay exageración. Todo Olancho, de extremo a extremo, es de las familias distinguidas por las que viene a pedir clemencia... *(Paseándose).* Señor Flores, sabe usted lo que son diezmos...?

MAESTRO PANCHO. También lucha contra ellos la revolución cubana. De modo que puedo dar una explicación acerca de ellos. Son la décima parte de alguna cosa y se le pagan a la Iglesia. *(Pausa).* Los diezmos eclesiásticos son reales si se perciben de los frutos de la tierra, como el trigo, el vino y el aceite... *(Pensando)*. Son personales si proceden de las ganan-cias o de la industria de las personas, como los del comercio, la manufactura y la caza... Y son mixtos, cuando tienen una doble causa, es decir, que vienen de la naturaleza y de la industria humana, como los pagados por la pesca, la leche, la lana y los molinos...

CINCHONERO. *(Lo interrumpe y se dirige a los jefes rebeldes)*. ¿Verdad que sabe tanto de diezmos como si fuera sacerdote...?

(Los jefes rebeldes sueltan la risa).

CINCHONERO. *(Al maestro Pancho)*. Siga...

MAESTRO PANCHO. *(Apenado)*. Un revolucionario está obligado a saber contra qué lucha. Es imprescindible el conocimiento si quiere tener éxito. Por eso es que hablo de los diezmos como un clérigo...

CINCHONERO. *(Sonriente)*. Me gusta lo que ha dicho...De repente lo llevamos en el Ejército… Siga...

MAESTRO PANCHO. *(Entrando en confianza)*. En Cuba pagamos los primeros diezmos a la Iglesia del distrito en que están situados los bienes. Y los segundos a la Iglesia donde se reciben los sacramentos, con deducción de estos últimos gastos...

(Los jefes rebeldes demuestran admiración por el conocimiento que tiene el Maestro Pancho de los diezmos).

CINCHONERO. *(Con humildad de escolar)*. ¿Hay en Cuba alguna ley de diezmos...?

MAESTRO PANCHO. No hay ley. Son creación de la Iglesia para atender su servicio. Por lo tanto no son de estricto derecho divino...

CINCHONERO. *(Sin pensar)*. Ciertamente, no hay como saber... (Pausa). Sólo que la Iglesia se extrema... Nosotros pagamos los diezmos de Olancho... Los más pesados que existen hasta donde empieza el mar... Quien cosecha diez cargas de maíz, entrega una... Quien tiene diez vacas, separa una para el cura... Y si sólo tiene un buey, al venderlo por diez pesos, tiene que llevar uno a la cofradía, en el entendido que si no lo lleva, lo excomulgan...

MAESTRO PANCHO. *(Dando más explicaciones).* También pagamos los cubanos las primicias. Son los primeros frutos de una cosa. Y tanto los pagamos por las cosechas como por los ganados...

CINCHONERO. Lo mismo pasa en Olancho. De debajo de la lengua nos sacan las primicias...

(Cuchichean los jefes rebeldes).

CINCHONERO. ¿Y de las alcabalas que nos dice...?

MAESTRO PANCHO. Son el tributo de un tanto por ciento del precio o del valor de las cosas que paga al fisco el vendedor en el contrato de compraventa, y que ambos contratantes págan en la permuta...

CINCHONERO. *(Interrumpiendolo).* Usted habla a veces en difícil. En palabras del Valle Arriba, nosotros pagamos alcabalas en la sal, en la manta, en la zaraza, en el dril, en el agua florida, en la esencia coronada, en el pachulí, en los tres aceites, en el tabaco, en el aguardiente, en la pólvora...

MAESTRO PANCHO. *(Queriendo detenerlo)* ¿Su conclusión...?

CINCHONERO. *(Con viveza).* ¿Mi conclusión...? Que nosotros, *(señala a los jefes rebeldes)* éstos, *(se golpea el pecho)* yo, *(señala hacia afuera)* y los muchachos del Ejército somos los propietarios de minas, de tierras, de bosques, de ríos, de pastos... Que nosotros somos los que imponemos los quintos, los diezmos, las primicias, las alcabalas y los demás tributos a esos pobrecitos esclavos que están presos en esas piezas y por los cuales viene usted, patriota cubano, ¡a pedir clemencia...!

MAESTRO PANCHO. *(Sorprendido).* General, mis sentimientos son de humanidad, sin dejar de ver que ustedes son el pueblo oprimido y ellos la aristocracia opresora...

CINCHONERO. *(Con oratoria iracunda).* En la revolución del 65, Pedro Fernández, Juan Antonio Medina, Juan López, Mariano Álvarez y el propio Medinón nos fusilaron más de 200 revolucionarios, nos ahorcaron más de 1.200 muchachos, nos dispersaron más de 600 familias, nos descabezaron a los generales Antúnez y Zavala, nos quemaron los pueblos de Manto y San Francisco, nos últrajaron a nuestras mujeres, trasladaron enormes partidas de ganado para el occidente del país... *(Se acerca agresivo al Maestro Pancho)*. ¡Y así viene usted a pedirme clemencia por esos bandoleros...! *(Pausa. Con relampagueos de fiera humana en los ojos)*. Usted, joven patriota cubano, ¡me va a ayudar a hacer justicia...!

MAESTRO PANCHO. *(Pálido y nervioso)*. Comprendo... Se trata de hacer la justicia de Robespierre en Francia contra la monarquía, la nobleza y el clero...

CINCHONERO. *(Terrible)*. Me parece que se ha ido lejos... Estamos en Honduras... En Olancho... Todos los presos colgarán de los árboles... Los que estén libres se balancearán como racimos de plátanos... *(Resuelto)*. Busque papel, pluma y tinta en esas gavetas... En seguida se sienta a escribir una proclama que contenga lo siguiente:

Esta revolución va contra los quintos, los diezmos, las primicias, las alcabalas y los demás tributos inhumanos en Honduras…

Se invita a todos los pueblos para que acuerpen esta revolución...

Desde este día, Serapio Romero es el Presidente de la República...

El nuevo gobierno descansa en el pueblo libre y en el Ejército campesino...

Quedan abolidos los quintos, los diezmos, las primicias, las alcabalas y los demás impuestos injustos. . .

Los representantes de las viejas autoridades civiles, militares y eclesiásticas entregarán los fondos que tengan acumulados...

Serán juzgados y pasados por las armas los que atenten contra el nuevo gobierno...

(Silencio prolongado),

MAESTRO PANCHO. ¿Es todo lo que usted ordena...?

CINCHONERO. Pone mi nombre al pie del escrito... Serapio Romero...

(El Maestro Pancho abre las gavetas, busca pluma, tinta y papel. En seguida, se sienta a escribir).

MAESTRO PANCHO. *(Repite distraído y sombrío)*. Todos los bandidos colgarán de los árboles... Los que se hayan escapado, se balancearán después como racimos de plátanos...

(PASA UNA RÁFAGA DE NOTAS FÚNEBRES)

***

GABRIEL CÁRCAMO. *(Entrando).* ¡Por Crilias! Era lo que decía yo en los valles, que con el general Romero se muere la miseria. ¡Je! Está listo todo para el entierro, sólo faltan los Jefes principales, ¡Je!

CINCHONERO. Ya llegarán, capitán Cárcamo. *(Al Maestro Pancho).* ¿Terminó la proclama, señor Flores...?

MAESTRO PANCHO. *(Levantándose).* Está terminada la proclama, general Romero. En virtud de ella es usted Presidente de la República y Comandante en Jefe del Ejército de Honduras...

CINCHONERO. ¿Están todos los puntos que le he indicado...? ¿Dice allí que es esta una revolución campesina contra los quintos, los diezmos, las primicias, las alcabalas y los demás impuestos injustos que están aplastando al pueblo hondureño...?

MAESTRO PANCHO. Todo lo he puesto, general...

CINCHONERO. ¿Cómo califica usted esa proclama con los puntos que contiene...?

MAESTRO PANCHO. Yo la llamo la proclama de la justicia...

CINCHONERO. *(A Cirilo Mendoza).* Leéla, Cirilo...

CIRILO MENDOZA. *(La toma de las manos del Maestro Pancho y la lee con énfasis).*

"PROCLAMA: En la ciudad de Juticalpa, cabecera del departamento de Olancho, a los once días del mes de agosto de mil ochocientos sesenta y ocho. El infrascrito jefe del ejército campesino olanchano, al pueblo hondureño hace saber:

PRIMERO: Que ha levantado la bandera de la revolución contra las injustas tributaciones del Estado, de la Iglesia y de los propietarios privados, heredadas de la Colonia española, y espera que los pueblos comprensivos sabrán darle vida y fuerza a este movimiento.

SEGUNDO: El jefe de la revolución de Olancho se proclama Presidente Provisional de la República en esta fecha, negando la legalidad del poder del general José María Medina y demás autoridades opresoras, que deben ser destituidas por la violencia.

TERCERO. Se restablece el Tratado de las Vueltas del Ocote de mil ochocientos treinta, autorizado por el general Francisco Morazán, que anula todas las cargas públicas y privadas en Olancho, y ahora haciéndolo extensivo a toda la República.

CUARTO: Las autoridades militares, civiles y eclesiásticas, quedan sujetas al mando de la revolución.

QUINTO: Serán juzgados por tribunales militares los contraventores del orden público establecido.

HONDUREÑOS: Ha sonado el clarín de la libertad y ha llegado la hora de la justicia. ¡Viva la revolución!

Firmado SERAPIO ROMERO".

(Los jefes rebeldes cabecean aprobando, se levantan y conversan en voz baja, denotando júbilo).

CINCHONERO. *(Satisfecho, le da palmaditas en la espalda al Maestro Pancho).* Así me gusta... Vaya al Cabildo, reúne a los escribientes y saca suficientes copias para repartirlas en la República...

(Sale el Maestro Pancho, haciendo una reverencia).

CINCHONERO. Jefes de la revolución, vayan al entierro, cuidan el orden, procuran que los oficios sean solemnes... Disparan los cañones...

(Salen los jefes rebeldes, de uno en uno. El último en salir es Cirilo Mendoza, quien se dirige a Cinchonero).

CIRILO MENDOZA. Al fin te quedás con la Niña María...

CINCHONERO. Es la hija del general Antúnez. Este es un día tristísimo para ella...

CIRILO MENDOZA. *(Afirma con la cabeza).* Tenés razón... Pobrecita. (Sale).

(PASA ALETEANDO UNA RÁFAGA DE NOTAS FÚNEBRES EN RECUERDO DE LOS GENERALES ANTÚNEZ Y ZAVALA Y COMO

(Entra María Serrano, haciendo esfuerzo en mostrar serena la dolorosa faz; recoge el traje de montar con la mano izquierda. Cinchonero, con semblante dulce, avanza hacia ella, quedando ambos frente a frente, mirándose a los ojos).

MARÍA SERRANO. *(Afligida, haciendo el esfuerzo de sonreír).* Serapio... No puedo estar sola...

CINCHONERO. *(La toma suavemente de un brazo y la lleva a un asiento).* He quedado para acompañarla, María...

MARÍA SERRANO. *(Después de segundos de silencio).* Que momento tan triste, no creí tenerlo...

CINCHONERO. *(Con voz dulce).* La considero... Hay que hacer valor...

(Las campanas quejumbrosas llaman a los funerales. Suena a la distancia el clarín de Julián Escobar, tocando atención. Segundos después, toca orden de marcha. María Serrano y Cinchonero escuchan el clarín).

MARÍA SERRANO. *(Como distraída).* El general Bernabé Antúnez...

CINCHONERO. *(Con voz ronca).* Y el general Francisco Zavala...

MARÍA SERRANO. *(Siempre como distraída).* Descansen en paz...

CINCHONERO. *(No puede hablar por la emoción. Se persigna. Le vuelve la voz).* Así sea...

MARÍA SERRANO. *(Levantándose).* Serapio...

CINCHONERO. *(Con voz suave).* La oigo, María...

MARÍA SERRANO. Siendo niña le oí a mi padre una oración que quiero decir para despedirlo...

CINCHONERO. Debe ser buena... Dígala...

(Resuena a la distancia la banda marcial con una marcha fúnebre. María Serrano y Cinchonero se inquietan. María Serrano para acallar la emoción eleva la voz).

MARÍA SERRANO. ¡Es un salmo del rey David cuando triunfó de sus enemigos...!

CINCHONERO. *(En voz alta).* ¡No hay cosa mejor para el momento...!

MARÍA SERRANO. *(Recitando con timbre de alta emoción femenina).* ¡Cantad al Señor un canto nuevo: resuenan sus loores en la reunión de los hombres justos...! *(Pausa).*

¡Alégrese el Pueblo con el Señor que le crió, y regocíjense en su Caudillo los hijos de la Tierra Prometida...! *(Pausa).*

¡Celebren su excelso nombre con armoniosos conciertos y publiquen sus alabanzas al son de los panderos y los salterios...! *(Pausa).*

¡Porque el Señor ha mirado con amor a su Pueblo, y está exaltando a los humildes y da muestras de querer salvarlos...! *(Pausa).*

(Sale el cortejo de la Iglesia y avanza por la calle que lleva al Cementerio Viejo. La banda marcial enternece el alma con una resonante marcha fúnebre. María Serrano eleva aún más la voz para ser oída).

MARÍA SERRANO. El Señor ha puesto en manos del Pueblo espadas de dos filos para ejecutar la divina venganza en las naciones y castigar a los opresores... *(Pausa).* ¡Para aprisionar con grillos a sus reyes, y con esposas de hierro a sus magnates...! *(Pausa).* ¡Para ejecutar en ellos el juicio decretado: gloria que está reservada a los hombres justos...! *(Pausa).*

(Se aleja el cortejo por la calle del Cementerio Viejo. Disminuye la resonancia de la marcha fúnebre. María Serrano baja la voz).

MARÍA SERRANO. ¡Alabad al Señor por sus prodigios en favor vuestro...! ¡Alabadlo con panderos y armoniosos conciertos...! (Pausa).

¡Alabadlo con instrumentos músicos de cuerdas y de viento...! (Pausa).

¡Alabadlo con cítaras...! ¡Alabadlo con clarines...!

(Suena a lo lejos el clarín de Julián Escobar. María Serrano avanza hacia Cinchonero, lo abraza decorosamente, hunde el rostro en el pecho del héroe y llora con agotamiento).

MARÍA SERRANO. Serapio, los generales Antúnez y Zavala han alcanzado la gloria eterna...
CINCHONERO. *(Retiene abraza a María Serrano con delicadeza).* María, hemos sido justos con ellos... ¡De su parte, que nos manden las bendiciones que usted y yo necesitamos...!

(Se dejan oír los cañonazos. Son los cañones del viejo Batallón de Olancho. Se deja oír el clarín de Julián Escobar.)

PASA UNA RÁFAGA DE NOTAS FÚNEBRES POR EL DESCANSO DEL ALMA DE LOS GENERALES ANTÚNEZ Y ZAVALA, HÉROES DE LA REVOLUCIÓN DEL 65.

TELÓN

TERCER ACTO

MUERTE DE CINCHONERO

PRIMER CUADRO

CASERÓN DE LA COMANDANCIA DE ARMAS DE JUTICALPA

Los jefes rebeldes conversan animadamente en la sala mayor de la Comandancia de Armas. Cinchonero y María Serrano ocupan el fondo del semi-circulo que han formado.

CINCHONERO. Es preciso dejar constituidas las autoridades revolucionarias de Olancho para que podamos caer sobre Comayagua...

CIRILO MENDOZA. Las cuatro quintas partes de la población nos pertenecen, pero es difícil encontrar personas aptas para el Gobierno regional...

GUILEBALDO REYES. *(Con su acostumbrada lentitud)*. Tal vez sería conveniente traer a los Cardona de Gualaco... Fueron los primeros que lucharon contra los quintos, los diezmos, las primicias y las alcabalas... El general Morazán atendió sus peticiones en las Vueltas del Ocote... Así es, comonó,si señor...

AGATON RAMOS. *(Con su natural melosidad)*. Mis queridos héroes morazánicos, yo considero que no hay que ir hasta, Gualaco, porque aquí tenemos a los hijos de don Desiderio Escobar, tanto a los que componen el consejo de guerra que funciona en el cuartel, como a nuestro común amigo don Julián Escobar, aquí presente... *(Lo señala)*.

JULIÁN ESCOBAR. *(Con sarcasmo)*. El que no conoce a Dios, donde quiera se anda hincando... Los Escobar de Catacamas y de Palo Atravesado no somos capaces para el manejo de la Comandancia, de la Gobernación, de la Intendencia, del Juzgado y de la Alcaldía... Son otros los llamados para esos cargos...

GABRIEL CÁRCAMO. *(Con su dejo de siempre)*. ¡Por Crilias! ¡Era lo que les decía yo en los valles, que las revoluciones tienen sus difecultades... ¡Je! Les decía que hacer la "bruta" es fácil, pero gobernarla es cosa de los demonios... ¡Je! *(Cabecea)*.

MARIA SERRANO. *(Con desenvoltura)*. Perdonen que hable, pero entiendo que los vecinos en cabildo abierto pueden designar por aclamación a las autoridades departamentales. Y de la misma manera pueden deponerlas en caso de que no se ajusten a los propósitos de la revolución...

(Todos aprueban lo expresado por María Serrano y comentan en voz baja).

CINCHONERO. Es una buena idea... Así lo haremos...

(Se presentan en la puerta varios campesinos. Uno de ellos trae un acordeón bajo el brazo, que es el instrumento predilecto de los labriegos olanchanos).

LOS CAMPESINOS. *(Con voz entusiasta)*. Buenas tardes, paisanos...

LOS JEFES REBELDES. *(Con semblante alegre)*. Buenas tardes...

CINCHONERO. ¿Qué desean...?

EL CAMPESINO DEL ACORDEÓN. Molestarlos... Este es un gran día para todos... Y venimos a obsequiarles una pieza que se llama "Cinchonero" ...

CINCHONERO. *(Sonriente)*. Pues oigamos esa pieza...

JULIÁN ESCOBAR. Y que bailen las tinajas de una vez con los porrones...

(El campesino del acordeón toca una pieza alegrísima, que hace dar pasos de baile a Julián Escobar, mientras los demás muestran gran satisfacción. Terminada la música, se despiden los campesinos, en medio de los aplausos de los jefes rebeldes).

(Se sientan los jefes rebeldes después de haber despedido a los campesinos del acordeón y conversan animadamente).

CINCHONERO. La pieza se llama "Cinchonero" Dios me ayude para no creerme más de lo que soy.

MARÍA SERRANO. Dejaría de ayudarle si se apartara del pueblo.

JULIÁN ESCOBAR. Qué canciones las que cantábamos cuando éramos partideños... *(Cantando a medio tono. Hay un fondo musical).*

Me fui con Quintín Jirón,
me vine con Joaquín Güell,
de Honduras a Guatemala,
de Guatemala para Honduras...

En la gente contratada,
en la gente ganadera,
éramos pistola y sable,
sable y pistola para los bravos.

(Los jefes rebeldes, viejos partideños, muchos de e escuchan complacidos a Julián Escobar).

Quien buscaba un acordeón
quien un acordeón buscaba...
Yo iba por unos ojos,
por una cara, por unos labios,

Quien iba por un regalo
para su prieta quien iba. . .
Yo iba por unos pechos,
por unos brazos, por un abrazo.

(Hacen manifestaciones de júbilo los jefes rebeldes, moviéndose en sus asientos).

No traje regalo a nadie,
no vine con acordeón...
En cambio, traje una prenda,
traje una prenda del corazón.

Me la quiere la familia,

la sirve el negro Enecón...
No hay hombre que se me iguale
con esta prenda del corazón...

CIRILO MENDOZA. Buscate una guitarra y la cantás.
Así eran las canciones cuando la guerra de Nicaragua...

(Unos campesinos se presentan en la puerta).

CINCHONERO. Pasen sin temor, paisanos...

(Entran los campesinos).

LOS CAMPESINOS. *(Cargando alforjas y portando varas con borlas)*. Buenas tardes...
LOS JEFES REBELDES. Buenas tardes...
CINCHONERO. Digan en lo que andan...
EL CAMPESINO DEL SOMBRERO A LA PEDRADA.
Somos los auxiliares de los lados del Guayambre y del Jalán...
CINCHONERO. De San Nicolás, el Rusio y el Vijao...
EL CAMPESINO DEL SOMBRERO A LA PEDRADA.
¡Ajá...! Venimos a informar que la abolición de los quintos del oro ha caído muy bien en los lavadores de aquellas aldeas y les mandan a rendir las gracias...
CINCHONERO. ¿Era muy pesada la carga...?
EL CAMPESINO DEL SOMBRERO A LA PEDRADA.
(Arrima la vara en la pared y se baja las alforjas). Estas alforjas son el lavado de toda mi familia en tres meses... *(Toma una alforja y la pesa en el aire)*. Esta es la que le pagamos a los Aguirre por los quintos... *(Toma la otra alforja y la aprieta de en medio)*. Y esta es la que nos queda a losotros... Fíjese en el "puchito"... ¿Ahora dígame si tendrán conciencia" esos bárbaros...?

(Ríen los jefes rebeldes).

CINCHONERO. *(Con el ceño fruncido)*. Que la van a tener ... Si por eso es que hemos abolido los quintos...

EL CAMPESINO DEL SOMBRERO A LA PEDRADA. *(Moviendo de arriba abajo las alforjas).* Esto es trabajo nuestro, señor... Puro trabajo nuestro... Si no fuera trabajo nuestro, este oro seguiría dormido en las quebradas, y los Aguirre no mandarían a hacer anillos, prendedores, aretes, cadenas y otras carajadas....

CINCHONERO. Y con el "puchito" ¿qué hacen ustedes...?

EL CAMPESINO DEL SOMBRERO A LA PEDRADA. Mal vivir para seguir lavando el oro... *(Vuelve a mover las alforjas de arriba abajo).* Pero ya con esto solo para losotros ya es otro cantar...

CINCHONERO. Por eso es que conviene apoyar la revolución...

EL CAMPESINO DEL SOMBRERO A LA PEDRADA. Pero si es nuestra revolución, señor... Este sí que es revolución. ... ¿Cómo no la vamos a apoyar?

CINCHONERO. Así se habla... *(Se dirige a los demás campesinos).* ¿Y ustedes...?

EL CAMPESINO DEL SOMBRERO CON BARBIJO. *(Con un pujido).* ¡Je! Todos venimos a lo mesmo...A darles las gracias por aquellas aldeas...

CINCHONERO. *(Inquisitivo).* ¿Por la abolición de los quintos...?

EL CAMPESINO DEL SOMBRERO CON BARBIJO. *(Con desahogo).* Ja... ja... ja... Y por la abolición de los diezmos, las primicias, las alcabalas y todo ese chinchero que nos chupa la sangre...

(Ríen todos, jefes rebeldes y campesinos).

CINCHONERO. *(Con desparpajo).* ¿Conque están alegres todos...?

EL CAMPESINO DEL SOMBRERO LADEADO. *(Tirando una escupitina).* Con decirle que hasta pusimos baile y todos los embolamos...

(Sonríen los jefes rebeldes).

CINCHONERO. ¿Pero no hubo desgracias...?

EL CAMPESINO DEL SOMBRERO LADEADO. *(En posesión de su ingenio)*. A pesar de que hubo vino de coyol y cususa en bruta, la única desgracia que hubo fue la de los Aguirre, el general Fernández y el Padre Becerra que ya perdieron su "mascada"...

(Ríen todos).

CINCHONERO. ¿Conque están saboreando la libertad...?
EL CAMPESINO DEL SOMBRERO A LA PEDRADA. *(Cabeceando)*. Y viera cómo los gusta...
EL CAMPESINO DEL SOMBRERO CON BARBIJO. Bien decía allá nana Teodosia: algún día llegará un hombre que les quitará todas esas marranadas...
CINCHONERO. *(Halagado, dirige la mirada a María Serrano)*. Y una mujer...

(Los campesinos observan a María Serrano).

EL CAMPESINO DEL SOMBRERO LADEADO. Les vamos a llevar la novedá a las mujeres que anda una generala...De alegres hasta van a retozar como potrancas...
CINCHONERO. *(Los despide)*. Bueno, muchachos...Saludes por allá...Se portan bien...
LOS TRES CAMPESINOS. *(A coro)*. Muchas gracias...Los vamos a portar como quiere su mercé...

(Salen).

(Entra un grupo de campesinos con tres hombres amarrados. En el grupo hay mujeres viejas y jóvenes tapadas con sombreros de llama y pañolones. Hace las veces de portavoz del grupo un sujeto avispado de corbatín y saco negro. Los jefes rebeldes ven con extrañeza al grupo y presos)

EL SUJETO DE CORBATÍN. *(Con una gran incunación)*. Buenas tardes, sus señorías...
LOS JEFES REBELDES. *(Sin entusiasmo)*. Buenas tardes...

CINCHONERO. *(Como tirando las palabras)*. De dónde están viniendo...

EL SUJETO DEL CORBATIN. *(Meloso)*. Señoría, venimos del Boquerón...

(Los jefes rebeldes se vuelven a ver con mudas interrogaciones).

CINCHONERO. Vienen, pues, del infierno... ¿Qué tal están los demonios...?

EL SUJETO DEL CORBATÍN. *(Sin correrse)*. Excelencia, están bien...

CINCHONERO. *(Interrumpiéndolo)*. ¡Deje el tratamiento de la aristocracia...! ¡Váyase al grano...!

EL SUJETO DEL CORBATIN. *(Vacilante)*. Es que no tengo el gusto de saber el nombre de su mercé...

CINCHONERO. ¡Para ustedes me llamo Cinchonero...!

EL SUJETO DEL CORBATÍN. *(Da un paso atrás de modo inconsciente)*. Señor... *(Señala a los hombres amarrados)*. Estos presos...

CINCHONERO. ¡Qué son...!

EL SUJETO DEL CORBATIN. Estos presos son delincuentes de la revolución... *(Se dirige resueltamente hacia ellos y señala ul primero)*. Este es el cobrador de las alcabalas... *(Señala al segundo)*. Este es el mayordomo de la cofradía de allá y es el que cobra los diezmos y las primicias... *(Señala al tercero)*. Y este el que aprieta a los lavadores de oro con los malditos quintos... *(Se dirige a Cinchonero)*. Los tres se exceden en el mandado y están matando a los aldeanos de Arimís, Punuare y el Corozal...

CINCHONERO. ¿Qué desean ustedes que se haga con ellos...?

EL SUJETO DEL CORBATÍN. La cárcel sería para ellos un descanso amable... La horca un suspiro celestial... Creemos que su muerte debe ser a puros garrotazos...

(Ríen los jefes rebeldes. María Serano esconde su risa).

AGATÓN RAMOS. *(Saltando)*. Mejor sería a puñalada limpia...

CINCHONERO. *(Calla a Agatón Ramos con una mirada severa)*. La revolución tiene leyes... Hay que sujetarse a ellas... Como pueden ser culpables, pueden no serlo... No es así no más que se mata a nadie... y menos en la forma que usted pide... Si sus delitos fueran sumamente graves serían fusilados... Si no lo fueran tanto, irían al castillo de Omoa... Y si lo fueran menos, quedarían en las cárceles de Juticalpa... *(Se dirige a los jefes rebeldes)*. ¿Verdad que así es, comandantes...?

LOS JEFES REBELDES. *(A coro)*. Así es...

LAS MUJERES DE ARIMIS. *(Se adelantan con valor)*. Son nuestros maridos, señor...

CINCHONERO. Hable una para que nos entendamos...

LA MÁS VIEJA DE LAS MUJERES DE ARIMIS. *(Hablando a gritos)*. Es cierto que son cobradores de quintos, diezmos y alcabalas... Pero son trabajadores honrados que se ganan la vida de ese modo... Ellos no tienen la culpa de que "haiga" tributos...

LOS HOMBRES AMARRADOS. Es verdá, señor... Somos trabajadores honrados... Los ricos de allá nos pusieron desde muchachos a cobrar tributos, y en esos vivimos porque somos mozos de ellos...

EL SUJETO DEL CORBATÍN. *(Olvidado de la terrible petición anterior)*. Entonces, la justicia revolucionaria puede decir si son culpables o no lo son... Y en este último caso, lo que procede es la libertad de los reos...

LAS MUJERES DE PUNUARE. *(Señalando al sujeto del corbatín)*. Ese fue el que hizo el mamarracho...

CINCHONERO. *(Levantando las manos en señal de silencio)*. ¡Hable una...!

LA MAS VIEJA DE LAS MUJERES DE PUNUARE. *(Hablando a gritos)*. Ese fue el que hizo el mamarracho para quedar bien con usté, señor... Dijo allá que había que traer presos a los cobradores de alcabalas, diezmos y quintos para engancharse con el nuevo gobierno y entonces los mandó a amarrar y los trajo con escolta...

CINCHONERO. *(Curioso)*. Y ese hombre, ¿quién es...?

EL MÁS VIEJO DE LA ESCOLTA. Es el secretario municipal del Real...

EL SUJETO DEL CORBATÍN. *(Con nerviosidad se compone el corbatín)*. Permítame que me presente solo...

CINCHONERO. *(Con sarcasmo)*. Mejor preséntese al consejo de guerra... *(Se dirige a la escolta campesina)*. Suelten a esos hombres y se llevan al secretario... Se van recto al cuartel y no atiendan lo que les diga porque los puede engañar...

EL MAS VIEJO DE LA ESCOLTA. *(A los demás campesinos)*. Suelten los nudos...

(Los campesinos dejan en libertad a los presos).

EL SUJETO DEL CORBATÍN. *(Cae de rodillas ante Cinchonero)*. Señor...

CINCHONERO. *(Con asco)*. Llévense luego esta culebra...

(Los campesinos de la escolta agarran al sujeto del corbatín y se llevan a toda prisa).

PRIMER EX-AMARRADO. Si no hay tributos, no hay cobros, señor...

CINCHONERO. Comprendo...

SEGUNDO EX-AMARRADO. Pero como ha habido tributos, él es culpable de muchas tiranías en aquellos lugares...

CINCHONERO. Es el déspota de El Real...

TERCER EX-AMARRADO. Con los gamonales es una mielita de atento, y con losotros los humildes se tapa las narices cuando entramos al cabildo...

(Ríen los jefes rebeldes).

CINCHONERO. Vayan al cuartel a declarar lo que sepan...

LOS EX-AMARRADOS. Cumpliremos sus órdenes. Adiós, Jefes...

LAS MUJERES DE ARIMIS Y DE PUNUARE. *(A coro)*. Dios los bendiga, señor... *(A los jefes rebeldes)*. Adiós, señores...

(Los jefes rebeldes contestan el adiós y salen los campesinos).

(Entran a la Comandancia de Armas unos campesinos y un señorón de sombrero de junco, blusa blanca cerrada hasta el cuello y

cadena de oro asida de un ojalá, que asegura el reloj en la bolsa de pecho. Los campesinos hablan a gritos y el señorón con acento suplicante. Uno de los campesinos, en apariencia el principal, agita unos documentos en la cara del señorón. Los jefes rebeldes miran con sorpresa a los visitantes y entablan diálogos en voz baja).

EL CAMPESINO PRINCIPAL. Toda la vida le hemos dicho que la comunidad de Telica tiene sus títulos y usté se hace el sordo...
EL SEÑORÓN. Si yo no toco los terrenos de la comunidad... Si lo que hago yo es cercar lo mío... Si yo respeto lo ajeno...
EL CAMPESINO PRINCIPAL. ¡Usté miente, don Hilario...!
EL SEÑORÓN. Pero Natalicio, de dónde te ha salido eso...,
JULIÁN ESCOBAR. *(Saltando)*. ¡Silencio, leguleyos...! ¡Que el Telica está lejos y esta es la Comandancia...!
LOS JEFES REBELDES. *(A una)*. ¡Déjalos, a ver en qué paran...!

(Los visitantes suspenden el pleito, se quitan los sombreros y saludan).

EL CAMPESINO PRINCIPAL. *(Mirando a los jefes rebeldes)*. Queremos hablar con el jefe mayor... Venimos a pedir justicia...
CINCHONERO. ¿Cómo te llamás...?
EL CAMPESINO PRINCIPAL. Natalicio Campos, para servirlo...
CINCHONERO. ¿Y el caballero?
EL SEÑORON. *(Compungido)*. Me llamo Hilario Meza, señor...
CINCHONERO. ¿Cuál es el pleito...?
NATALICIO CAMPOS. Peleamos los terrenos de la comunidad del Telica... *(Agita los documentos)*. Por estos papeles viejos, el rey de antes le dio a la aldea cuatro leguas, que agarran parte de la vega del río y empinan sobre la montaña... *(Se agacha y marca con el dedo sobre los ladrillos)*. Por ejemplo, esta es la comunidad del Telica... Toda esta parte... Fíjese bien... Mire qué grande. ¿Se fijó? *(Agita los documentos)*. Aquí están los documentos. *(Se levanta)*. Nosotros peleamos lo legitimo... Y lo peleamos a las buenas y a las malas, porque no hay de otra....

(Se vuelve a agachar y a marcar con el dedo en los ladrillos). Después llegó don Hilario a comprar este pedazo...Vea... Que limita con los terrenos de la comunidad...Vea... *(Se levanta).*

Pues hay onde lo ve se los está metiendo... Ha agarrado la parte mejor de la vega y ha tendido un cerco que tapa el camino de las Vueltas. Y le vivimos cantando: don Hilario no haga eso... Don Hilario respete los terrenos de la comunidad... Pero no hace caso... Cómo que tuviera la cabeza más dura que un cubo *(Pausa).*

CINCHONERO. *(A don Hilario Meza).* ¿Y usted, qué dice...?

HILARIO MEZA. *(Con voz suplicante).* Son cosas de Natalicio, señor... Yo cerco lo mío...

CINCHONERO. ¿Trajo sus papeles...?

HILARIO MEZA. *(Se desabrochalos botones y saca unos papeles).* Aquí están, señor...

CINCHONERO. *(A Cirilo Mendoza).* Vení a verlos, Cirilo

CIRILO MENDOZA. *(Toma los papeles, los desenvuelve y los lee con rapidez).* Aquí está el mapa... *(A Natalicio Campos).* Deme los suyos... *(Los extiende).* Aquí está el otro mapa... (Compara los mapas). Vamos a ver... *(Se va a la mesa, los extiende y habla como cantando).* Si tienen razón los de la comunidad... Acercate, Serapio, vení para que veás...

(Se acerca Cinchonero).

CIRILO MENDOZA. Aquí está... ¿Ve la línea.? Aquí va la línea, sigue la línea... Pues según lo que dicen los muchachos del Telica la tiró por la derecha... ¿Ve? Por aquí... ¿Viste?

CINCHONERO. Hasta yo que soy ciego veo la cosa...

NATALICIO CAMPOS. Cuando le hemos dicho a don Hilario que siga la recta de los documentos, se sale con que no sabe lo que es recta...

(Ríen los jefes rebeldes).

HILARIO MEZA. Si es que no tuve "enstrucción..."

NATALICIO CAMPOS. *(Agitando las manos en la cara de don Hilario Meza).* Pero don Hilario, en qué cabeza cabe que usted no sabe lo que es una recta... *(Se dirige a los jefes rebeldes).* Y cuando le decimos que se vaya siempre por la mano izquierda, nos sale con que ni siquiera sabe ónde tiene las manos...

(Ríen los jefes rebeldes).

HILARIO MEZA. Si es verdá, Natalicio... Si es que quedé tonto de una calentura...

NATALICIO CAMPOS. *(Recibiendo los papeles que le entrega Cirilo Mendoza y agitándolos en la cara de don Hilario Meza).* ¿Pero don Hilario, no sabe onde tiene la derecha y onde la izquierda...?

HILARIO MEZA. *(Recibiendo los papeles que le entrega Cirilo Mendoza y guardándolos en la bolsa de adentro).* Mi mujer es la que me indica porque yo siempre "tutubeo"...

NATALICIO CAMPOS. ¿Y su mujer le dijo que agarrara por la derecha para cogerse la vega y tapar el camino de las Vueltas...?

HILARIO MEZA. No me acuerdo porque me tenés asustado...

NATALICIO CAMPOS. *(Con rabia).* Vaya dígame, y la palabra ajeno ¿qué quiere decir...?

HILARIO MEZA. *(Con sangre fría).* Lo que es mío...

NATALICIO CAMPOS. *(Con rabia).* Y esto sucede en presencia de sus mercedes... Cómo será allá...Por eso es que los pobres los comprometemos, señor Comandante...

CINCHONERO. *(Con voz de trueno).* ¡Rompan esos cercos, recuperen las vegas, abran los caminos y defiendan sus tierras como puedan...!

EL GRUPO DE CAMPESINOS. ¡Así se habla, señor...! ¡Usté si es hombre...!

NATALICIO CAMPOS. Con esa luz que los da, ya va a ver este viejo bruto... *(A los campesinos).* ¡Vámolos al Telica...! ¡Muchas gracias, señor Comandante... ¡Adiós, jefes...!

HILARIO MEZA. *(Se saca algo de la bolsa, se acerca a Cinchonero y se lo ofrece).* Señor Comandante, le traiba este regalito...

CINCHONERO. *(Angustiado).* ¡Julián...! Sacalo luego antes que lo mate...

HILARIO MEZA. *(Guardando el regalito).* Vaya que su mercé no se parece con los otros...

(Ríen los jefes rebeldes. Julián Escobar echa a empujones a don Hilario Meza).

(Entra jadeante un campesino, se detiene en medio de la sala, se quita el sombrero y saluda).

CINCHONERO. ¿Qué andás haciendo...?

CAMPESINO. Vengo a decirle al general Cinchonero que han llegado tropas de Comayagua al Valle Arriba...

(Como movidos por un resorte los jefes rebeldes se ponen de pie. María Serrano también se levanta, sorprendida con la noticia).

CINCHONERO. *(Impasible)*. ¿Vos viste las tropas...?

CAMPESINO. Yo las hey visto... Y me ha mandado ñor Terencio a decirle esto al general Cinchonero para que no lo cojan dormido...

CINCHONERO. *(Endurecido el perfil de bronce)*. Supiste quién es el jefe de las tropas...

CAMPESINO. Es un nombre que no se queda... Pero supe que los hombres del general Fernández, como Sotero Ávila, Quiterio Cruz y Cosme Aguilar se les han pegado...

CINCHONERO. *(Pensando en voz alta)*. Se les han juntado los bandidos de los valles, a los que tengo que guindar patas arriba y colgarles una piedra en el pescuezo... *(Al campesino)*. ¿Y de Fernández qué se sabe...?

CAMPESINO. Allá nada se sabe de Fernández...

CINCHONERO. Nadie lo encuentra... se ha perdido... ¿Y a cuánto llegan las tropas de Comayagua...?

CAMPESINO. Son muchísimos, vienen bien armados...

CINCHONERO. ¿Dónde los dejastes...?

CAMPESINO. En San Francisco de Sapota...

CINCHONERO. ¿Crees que se vengan por las Vueltas del Ocote...?

CAMPESINO. *(Piensa, se lleva el dedo a la boca)*. No, general... No se vienen por las Vueltas del Ocote... Agora recuerdo que le preguntaron a ñor Terencio si sabía de alguna tapada en aquel lugar y les dijo que había una con bastantes hombres...

CINCHONERO. ¿Por qué les dijo eso, ñor Terencio...?

CAMPESINO. Para que vaya usté a toparlos a la **cuesta** del Cacao y los agarre guindo abajo...

CINCHONERO. *(Vuelve a ver a los jefes rebeldes que muestran semblantes plácidos).* ¿Qué les parece la idea de ñor Terencio...?

LOS JEFES REBELDES. *(A una).* ¡De a mecate...!

CIRILO MENDOZA. *(A Cinchonero y al campesino).* ¿Pero quién es ñor Terencio...? No lo conozco...

CINCHONERO. Es un viejo amigo mío. Fuimos compañeros en las partidas de Trujillo...

CAMPESINO. *(A Cirilo Mendoza).* Terencio Matute, que tiene casa en San Francisco y hato pegado a la montaña, a la izquierda de Tilapa...

CIRILO MENDOZA. *(Satisfecho).* Ya caigo.... Se me había olvidado...

CINCHONERO. *(A Julián Escobar).* Julián andate a la plaza y tocás llamada... *(Al campesino).* Gracias por la noticia... Buscás que comer en las cocinas...

(Salen Julián Escobar y el campesino. Luego se oye el toque de corneta. Empiezan a gritar los jinetes del Ejército de Olancho. Se acerca un grupo cantando el Himno de Guerra del Año 65, agregándole nuevas estrofas, con acompañamiento de acordeón.

El Himno prende tal entusiasmo, que se suman a él los jinetes de la plaza, hasta que al fin se agregan, sin esperar mucho, los jefes rebeldes que deliberan en la sala mayor de la Comandancia de Armas).

MARÍA SERRANO. *(Alegrísima).* ¡Cantemos! ¡Cantemos!

LOS JEFES REBELDES. *(Entusiasmados).* ¡Sí, cantemos la canción del 65...!

MARIA SERRANO. Empecemos...

Cuando el general Antúnez
gritó al general Zavala,
vamos a botar, amigo,
a los crueles Medinones,
los jinetes olanchanos
se juntaron con sus armas

y fue buena aquella guerra
que alegró los corazones...

Este trote a mí me gusta,
qué trote, qué trote...
y qué tropa de los valles,
qué tropa, qué tropa...
Lado a lado pelearemos,
compadre, en el pleito...
¡Ah! qué trote en esta tropa,
qué trote, qué tropa.

Los valientes generales
corrieron a Juan Medina
y engordaron los coyotes
en aquella degollina...
Los valientes generales
derrotaron a Juan López,
y sus rápidos dragones
fueron cena de los zopes...

Este trote a mi gusta,
qué trote, que trote...
Y qué tropa de los valles,
qué tropa, qué tropa...
Lado a lado pelearemos,
compadre, en el pleito...
¡Ah! qué trote en esta tropa,
qué trote, qué tropa...

Vino después Mariano Álvarez,
matador del filibustero...
Para los toros de Olancho
resultó un pobre ternero...
Vino después Medinón
a hacernos fusilansina...
Medinón tiene una deuda
y nos paga la ahorcancina...

Este troté a mí me gusta,
qué trote, qué tropa...
Y qué tropa de los valles,
qué tropa, qué tropa...
Lado a lado pelearemos,
Compadre, en el pleito...
¡Ah! qué trote en esta tropa,
qué trote, qué tropa...

MARIA SERRANO. (*Entusiasta, exaltada, inspirada,agrega*):

Oro siempre hay en los ríos,
clarín en el clarinero...
Que si murieron Antúnez
y Zavala, hay un guerrero.
Medinón ha de pagarla
muy pronto en el matadero...
¡Esta guerra ha de llevarla
hasta el triunfo Cinchonero!

LOS JEFES REBELDES. (*Admirados, corean la improvisación
de María Serrano*).

Este trote a mí me gusta,
qué trote, qué troté...
Y qué tropa de los valles,
qué tropa, qué tropa...
Lado a lado pelearemos,
compadre, en el pleito...
¡Ah! qué trote en esta tropa,
qué trote, que tropa...

(*Los jefes rebeldes, llenos de entusiasmo, aplauden a María
Serrano. Cinchonero no puede contenerse y la abrazad. Afuera, en la
plaza, sigue unos segundos más la música del acordeón, y resuena el
grito de un jinete en la puerta de la Comandancia*).

GRITO DE UN JINETE. *(A todo pulmón)*. Viva. Cristo en las alturas y Cinchonero en Honduras, desgraciados...

(Risas en la sala de la Comandancia de Armas. Estruendoso viva coral en la plaza de Juticalpa).

SEGUNDO CUADRO

CASERÓN DE LA COMANDANCIA DE ARMAS DE JUTICALPA

Es alta noche. El Ejército de Olancho se ha marchado para batirse con las tropas del Gobierno en la cuesta del Cacao. Hay un silencio total en la ciudad de Juticalpa. Desde las puertas abiertas de la Comandancia de Armas puede verse el brillo de las estrellas.

En una esquina de la sala, sobre una pequeña mesa ha quedado brillando una lámpara de gas.

Doña Dolores Garay de Fernández entra en puntillas a la sala mayor, con el pelo alborotado, llena de espanto en los ojos.

DOÑA DOLORES. *(Busca en los rincones. Se asoma a las puertas).* ¡Mercedes...! *(Ahueca la mano, se la aplica a oreja para oír mejor y se queda en suspenso).* ¡Mercedes...! *(Tiembla dominada por pensamientos terribles).* Estaba conmigo y ha desaparecido... *(Pausa).* La habrán llevado para ultrajarla... *(Pausa).* Dios mío... No cabe duda que la llevaron... *(Vuelve a huecar la mano, a llevarla a la oreja y detener el paso para escuchar).* ¡Mercedes...! *(Pausa).* ¡Mercedes...!

¿Qué estoy oyendo...? Disparos lejanos... Gritos por Calona... Ahora es más oscuro el misterio... Silencio en la plaza... Silencio en las piezas... Silencio en los patios...

No hay guardias... Dejan las puertas de par en par...

(Entra en una alucinación). Dijeron que si atacaba Pedro nos matarían... De repente ha atacado y estamos muertas... Por eso es que no veo a Mercedes... Grita desgarradamente, llevándose la mano a la boca).

¡Dios Santo...! ¡Qué es lo que estoy diciendo...! ¡Virgen de los Desamparados...! ¡Virgen del Perpetuo Socorro...! (Vuelve a gritar desgarradamente).

(Busca un asiento, lo arrastra, se sienta y sentada. se palpa los brazos). No nos han matado...Estoy viva...Cinchonero dijo que nos matarían si atacaba Pedro... Esto quiere decir que Pedro no ha atacado... *(Guarda un breve silencio).*

Tampoco nos han ultrajado... Cinchonero dijo que si él en persona llegaba a ultrajarnos que lo fusilaran... *(Guarda otro breve silencio).*

(Con voz lejana). Cinchonero es respetuoso.... ¿Pero Mercedes...? ¿Dónde está Mercedes...? ¿Estará en casa de Irene...? ¿Estará en casa del Padre Becerra...? Pobrecita Irene... Pobrecito el Padre Becerra...

(Haciendo recuerdos). Qué noches tan espantosas...Qué días tan horribles... *(Como queriendo palpar el silencio).* El silencio es completo... Pero estoy sola y esta soledad me espanta... Tengo que esperar la luz del día para averiguar qué ha pasado...

(Descargas en las proximidades de la Comandancia de Armas).

DOÑA DOLORES. ¡No...! ¡No...! ¡No...! *(Enloquecida, corre describiendo círculos).* ¡Piedad para mí que soy mujer...! *(Se desploma, llorando con desgarramiento).* ¡Qué culpa tenemos las mujeres...! *(Casi ahogada, con la frente pegada a los ladrillos).* ¡No me maten...!

CATEDRAL. *(Desde la puerta con una luz en la mano).* ¡Reseda...!

DOÑA DOLORES. *(De rodillas, con las manos juntas, gritando).* ¡No me ahorquen...! ¡No me ahorquen...! ¡Es mejor un veneno...! ¡Demen estrienina...!

CATEDRAL. *(Pone el candelero en la mesa y corre a levantarla).* ¡Reseda...! Resedita linda. ¡Despierte de esa pesadilla...!

DOÑA DOLORES. *(Dominada por un terror imaginario).* ¡Fue el general Medina...! Fue el Presidente Medina quien ordenó que les cortaran las cabezas...! ¡No fue Pedro...! ¡Pedro estaba atribulado...! ¡No fui yo, señor...!

CATEDRAL. *(Sacudiéndola).* ¡Reseda, despierte...!¡Le habla su nodriza Catedral...! *(Lamentándose).* ¡Ay, mi muchachita, se habrá vuelto loca...! ¡Reseda...! ¡Oiga las campanas...! ¡Suenan las campanas...! ¡Repican las campanas...!

DOÑA DOLORES. *(Saliendo del terror).* Catedral... ¿Dónde estabas...? Sí... Oigo las campanas... Repican las campanas... Cómo es de triste el son de las campañas... *(Queriendo volver a su estado de terror).* Catedral, las descargas anuncian que ha atacado Pedro... Y estoy condenada a muerte... Voy a morir... Adiós, Catedral...

CATEDRAL. *(Con animación)*. No, Reseda. Los facciosos se han ido. Estamos "salvas"...

DOÑA DOLORES. ¿Cómo lo sabes...?

CATEDRAL. Están "solitas" las calles. Es hora que van lejos. Venga a ver que no hay nada. *(La conduce a la puerta de la plaza)*.

DOÑA DOLORES. Está amaneciendo...

CATEDRAL. *(Señalando)*. Allí van unos vecinos. Como que son los Chiminicos. Fíjese en la tranquilidad. Ya salimos del infierno...

DOÑA DOLORES. *(Con voz grave)*. Quién sabe si hemos salido... *(Como distraída)*. He conocido a Cinchonero...

CATEDRAL. *(Con aspaviento)*. ¡Jesús, niña! ¡Hemos conocido al diablo...

DON PEDRO. *(Desde la puerta, casi gritando)*. ¡Dolores...! ¡Mujercita mía...! *(Corre hacia ella con los brazos abiertos, la abraza, la colma de besos en el pelo)*. ¡Mi pedacito de dulce...! ¡Mi huacal de agua fresca...!

DOÑA DOLORES. *(Lo abraza, solloza agobiada, hundida la frente en el pecho de Don Pedro)*. Pedro...

DON PEDRO. Temía que te mataran... Pero estás vi-va... Te veo... Te siento... Te siento palpitar...

DOÑA DOLORES. *(Siempre agobiada)*. Ay, Pedro...

DON PEDRO. *(La sacude suavemente)*. Nadie me lo ha dicho, pero comprendo el susto que te han dado los facciosos...

DOÑA DOLORES. *(Levantando la cabeza)*. No ha sido susto... Ha sido espanto... Sensación de muerte...Permanencia en el infierno...

DON PEDRO. *(A Catedral)*. Corrí a buscar un vaso de vino para darle valor...

(Catedral sale corriendo).

DON PEDRO. Allá me dije a solas: si le sucede algo a mi mujercita, me pego un tiro...

(Vuelve corriendo Catedral).

CATEDRAL. Adiós, gracias que los malditos no trastearon el armario... *(A Doña Dolores)*. Tome, mi muchachita...

(Doña Dolores bebe a pequeños sorbos).

DON PEDRO. *(A Catedral).* ¿Fueron a los cofres...?

CATEDRAL. Los dejaron limpitos, mi amo...

DON PEDRO. *(Lleno de rabia).* ¡Diez mil pesos en onzas españolas...! ¡Una señora fortuna se han llevado esos bandidos...! ¡Con ella han tenido que cargar un "patacho" de mulas...!

CATEDRAL. *(Blanqueando los ojos).* Cinchonero en persona repartió en la plaza las onzas españolas... Tomen, les decía, les devuelvo los quintos, los diezmos y las alcabalas... *(Con énfasis).* Usté hubiera visto a los jinetes con las bolsas llenas de oro...

DON PEDRO. *(Fuera de sí).* ¡Esta vez la pagarán de otro modo...! ¡Esta vez los quemaré vivos...!

CATEDRAL. *(Tratando de aplacarlo y señalando a Doña Dolores).* Pero le dejaron ese tesoro, mi amo...

DON PEDRO. *(Con paciencia).* ¿Cuál...?

CATEDRAL. Eh... Mi Reseda... "Oyí" decir que había dicho Cinchonero que no le fueran a tocar un pelo...Y que, si él trataba de manosearla, que a él lo fusilaran...

DOÑA DOLORES. *(Con voz suave).* Es cierto... *(Como divagada).* Cinchonero...

DON PEDRO. *(Exaltado).* Un favor que debo agradecer a ese bandido... *(Casi bramando).* ¡Pero mis onzas...! *(Ordenando).* Busquen asiento y me cuentan lo que ha sucedido...

DOÑA DOLORES. *(Molesta).* Yo no puedo... Tengo vacía la cabeza... Que te cuente Catedral...

DON PEDRO. Siquiera parte, Catedral...

CATEDRAL. Mi amo, yo sólo le puedo contar cosas a los chigüines... Pero si usté disimula mi modo, empiezo ...

(Catedral relata a su modo lo que pasó en el tiempo que estuvo Cinchonero en Juticalpa).

***

PADRE BECERRA. *(En la puerta).* ¡Gracias a Dios que todavía respiramos...! *(A Don Pedro).* La Virgen de los Desamparados te ha traído, Pedro... *(A Doña Dolores).* Hijita preciosa, no te me has despegado de la cabeza... *(A Catedral)*. Y a vos, hollín de la cocina, ¿te asustaron...?

DON PEDRO. *(Se levanta, le da la mano con efusión y luego busca un asiento para el Padre Becerra)*. Han vivido ustedes una tragedia...

DOÑA DOLORES. *(Con desmayo)*. Pensé cosas horribles sobre su suerte, Padre...

CATEDRAL. *(Saltando)*. Perdonen que me meta en la conversación de los señores, pero me ha dicho hollín de la cocina, y no se acuerda que fui a la Iglesia a darle su traguito de aguardiente para que cogiera "juerteza" ...

(Sonríen Don Pedro, el Padre Becerra y Doña Dolores con palidez).

CATEDRAL. Sí, anduve sin alejarme de la plaza por temor de que me hicieran algo. Pero no me hicieron nada porque dijeron que yo era esclava, y que le andaban dando libertá a los esclavos...

(Vuelven a sonreír).

PADRE BECERRA. *(A Don Pedro)*. Me obligaron a enterrar las cabezas de Antúnez y Zavala con misa cantada y honores de Presidentes...

DON PEDRO. Es natural... Cuando hay fuerza mayor quien se puede oponer. ¿Y cuántos eran los facciosos...?

PADRE BECERRA. Sólo sé decirte que eran nubes como los morrocos...

DON PEDRO. *(Pensativo)*. Todos los pueblos están con ellos... Aunque les ganáramos por ahora... Siempre estaríamos derrotados... Al final de cuentan nos van a matar esos bárbaros...

PADRE BECERRA. Y tú, ¿qué has hecho?

DON PEDRO. En medio del fragor, salí con mis ayudantes la noche del diez... Iba a buscar gente... Halé unos cuatro... Entonces mandé correos a Comayagua... Recibí contestación que vendrían tropas... Seguramente están peleando en el Valle Arriba...

PADRE BECERRA. De repente se repite el año 65...

DON PEDRO. *(Abrumado)*. Con caracteres peores...Ahora los ahorcados, fusilados y quemados vamos a ser nosotros...

PADRE BECERRA. *(Con los ojos clavados en los ladrillos)*. Jesús nos favorezca...

DOÑA DOLORES. *(Con tranquila tristeza)*. Sólo Nazario murió... Pobrecita Irene, tan joven y quedar viuda...

PADRE BECERRA. Dolores, tu primo murió luchando como todo un hombre... Era más diestro Cinchonero...Lamentemos la desgracia de la pobre Irene...

DON PEDRO. Le advertí a Nazario que no fuera a luchar con Cinchonero...

PADRE BECERRA. *(Compungido)*. También tenemos que lamentar la muerte de Jorge Aguirre....

DON PEDRO Y DOÑA DOLORES. *(Casi gritando)*. ¡Mercedes...!

PADRE BECERRA. *(Se levanta y apoya las manos en los hombros de Don Pedro)*. ¡Valor, hijo mío! ¡Mercedes ha perdido la razón...!

DON PEDRO, DONA DOLORES Y CATEDRAL. *(Con grito desgarrado)*. ¡Hermana de mi alma...! ¡Cuñada querida...!;Jazmincito lindo...!

PADRE BECERRA. Un sirviente de los Aguirre vio a Jorge entre los muertos que iban a quemar... Contó la noticia a los guardias de la Comandancia... Y así llegó a oídos de Mercedes...

DON PEDRO. *(Como en un tormento infernal)*. Pero, ¿dónde está...?

PADRE BECERRA. No lo sabemos...

DON PEDRO. *(Desesperado)*. Voy a buscarla... *(Se aleja)* ... ¡Mercedes....! *(Más lejos)*. ¡Mercedes!

DOÑA DOLORES. *(Con llanto silencioso)*. Nos tenían en rehenes, Padre... Yo también estaba loca... No me di cuenta de su salida...

PADRE BECERRA. *(Suspirando)*. Todos estábamos locos... A mí me querían fusilar por los diezmos de la Santa Madre Iglesia... Al fin tuve que esconderme...

DOÑA DOLORES. *(Limpiándose las lágrimas con los índices)*. Qué golpe el de la pobre Mercedes... Qué Matrimonio... Tenía motivo para trastornarse...

PADRE BECERRA. Lo peor es que quien sabe si recupera la salud.

DOÑA DOLORES. En la casa hubo una enfermita de lo mismo.

PADRE BECERRA. *(Ausente)*. La locura de la familia es de obscura procedencia...

(Entra Don Pedro trayendo del brazo a Mercedes. Don Pedro muestra un semblante con la mayor desesperación; Mercedes sonríe). Doña Dolores, el padre Becerra y Catedral. *(Se levantan con rapidez)*.

PADRE BECERRA. ¡Mercedes...! ¡Merceditas...! ¡Jazmín...!

DON PEDRO. *(Con voz descompuesta)*. Usted sabe, Padre, como la quiero... Yo la he criado... Puedo decir que es mi hermana y es mi hija... *(Busca una silla, se sienta y apoya la cabeza en las dos manos)*.

MERCEDES. *(Sin reconocer a nadie, en voz alta, con una cadencia admirable)*. Cinchonero es hombre valiente... Como me gustan a mis los hombres valientes... A las mujeres nos gustan los hombres valientes... Advertí que Cinchonero estaba enamorado... Que tenía corazón... Le dije que yo también estaba enamorada... Que me iba a casar con Jorge... Entonces Cinchonero me regaló la vida... *(Guarda breve silencio)*.

Después supe que Jorge había muerto peleando al lado de Nazario... Que murió defendiendo el cuartel... Jorge es ahora una estrella en la noche… *(Sonríe con ingenuidad)*.

DOÑA DOLORES. *(Con llanto de niña)*. Merceditas...

PADRE BECERRA. *(Rezando)*. Dios te salve, María, llena eres de gracia. *(Termina la oración en voz baja)*.

DON PEDRO. *(Levantando la cabeza)*. Qué venganza tan espantosa la de esos bárbaros...

CATEDRAL. Ya me voy para la cocina porque allá es onde lloro a mis anchas... *(Sale dando berridos)*.

MERCEDES. *(Siempre en voz alta, con cadencia admirable)*. Como la costumbre es descabezar, a Jorge lo descabezaron...Por eso fui al cementerio a buscar su cabeza... Es que quería besarla... Darle mil besos... *(Guarda breve silencio)*.

Un día me dijo aquella adivina que vino en el circo a Juticalpa... Besarás la cabeza cercenada de un hombre... Le sellarás los labios con tus besos de fuego... Serás entonces como Salomé cuando besaba la boca de Juan el Bautista... *(Vuelve a sonreír con ingenuidad)*.

PADRE BECERRA. Le diría eso la bruja...

DOÑA DOLORES. Vivimos en una pesadilla...

DON PEDRO. Que no acabará jamás...

MERCEDES. Así me dijo la adivina... Estará presente Herodes... ¿Quién de ustedes lleva el nombre de Herodes...? *(Don Pedro siente ligera turbación)*. Estará presente Herodías... Hay una mujer llamada Herodías... *(Doña Dolores palidece y se mueve en el asiento)*. ¿Estará presente un judío traidor... Verdad, ¿Padre Becerra, que es usted el judío traidor...? *(El Padre Becerra da unos pasos de retroceso)*.

DON PEDRO, DOÑA DOLORES y EL PADRE BECERRA. *(A una)*. ¡Dios mío...!

MERCEDES. *(Se balancea graciosamente)*. Así lo dijo la adivina... Algún día serás Salomé... Besarás la cabeza de Juan el Bautista...

EL PADRE BECERRA, DONA DOLORES y DON PEDRO. *(A una)*. ¡Qué horror...!

DON PEDRO. Esto se llama la venganza de Cinchonero...

(Entra el jefe expedicionario Sotero Ávila trayendo del brazo, con atenuada rudeza, a María Serrano).

(Los aristócratas de la sala mayor se llenan de curiosidad ante la joven que llega).

SOTERO ÁVILA. *(En voz alta)*. ¡Ave María Purísima...!

LOS ARISTÓCRATAS. *(En distintos tonos)*. ¡En gracia concebida...!

DON PEDRO. *(Sin poder contenerse)*. Adelante... Y esa joven, ¿quién es...?

MARÍA SERRANO. *(Con todo el odio de su alma en los ojos)*. ¡Me llamo María Isabel Antúnez, hija del general Bernabé Antúnez, jefe de la revolución del 65, al que le arrancaste la cabeza...!

(Don Pedro da unos pasos en retroceso y Doña Dolores y el Padre Becerra quedan estupefactos).

MARÍA SERRANO. ¡Asesino...!

(Acusación tan inesperada descontrola a Don Pedro quien da unos pasos a la izquierda y otros a la derecha, como si quisiera evitar la presencia de la hija del general Antúnez).

MARÍA SERRANO. ¿Quieres saber más...? Iba a ser la esposa del general Serapio Romero... La mujer de Cinchonero, ¡jefe de la revolución del 68, al que también has descabezado...!

(Don Pedro recibe en las peores condiciones la noticia de la decapitación de Cinchonero, y el Padre Becerra y Doña Dolores se llenan de asombro).

MARÍA SERRANO. ¡Cien veces asesino...! *(Avanza sobre Don Pedro)*. ¡Mil veces asesino...!

(El Padre Becerra quiere intervenir en favor de Don Pedro, interponiéndose, pero María Serrano tiene dominada la escena y lo aparta con violencia).

MARÍA SERRANO. Que venga la cabeza para que vea su obra el criminal...!

Los aristócratas se llenan de espanto. Don Pedro quisiera que se lo tragara la tierra. Sotero Ávila pregunta con la mirada a Don Pedro.

DOÑA DOLORES. *(Con voz quejumbrosa)*. Yo estoy enferma... No quiero verla...

PADRE BECERRA. *(Con sobresalto)*. Sería mejor llevarla al santo lugar...

MARIA SERRANO. *(Dueña del momento sicológico ordena a Sotero Avila)*. ¡Vaya, cobarde, traiga la cabeza, para que alegre el alma de su jefe...!

SOTERO AVILA. *(Vacila y dirige miradas interrogativas a Don Pedro)*. ¿La traigo?? ¿Qué dice la traigo...?

MARIA SERRANO. ¡Marica...! No pregunte... ¡Hágalo...!

(Sotero Ávila se asoma a la puerta y palmotea. Llega un soldado y le alarga una pica con la cabeza de Cinchonero cubierta con un velo negro. Después el jefe expedicionario avanza al centro de la sala.

EN EL MOMENTO PASA UNA RÁFAGA DE NOTAS FÚNEBRES ALETEANDO POR LA SALA MAYOR DE LA COMANDANCIA DE ARMAS.

DON PEDRO. *(Gritando).* ¡Hombre de Dios, para qué la trajo...!
SOTERO ÁVILA. *(También gritando).* ¡Me hubiera dicho que no...!

(Don Pedro da las espaldas. Doña Dolores se inclina y se tapa la cara con las manos. El Padre Becerra también gira y queda de espaldas).

MARÍA SERRANO. *(Le arrebata la pica a Sotero Ávila y la sacude).* ¡Aquí está la libertad...! *(Señala a Don Pedro).* ¡Allí está la tiranía...! *(Con mezcla de grito y llanto).* ¡Cinchonero muerto es una palpitación del pueblo olanchano...! *(Con grito desgarrado).* ¡Pedro Fernández vivo es una afrenta de Honduras...!

(Mercedes Fernández se levanta de su asiento y se acerca a María Serrano cuando advierte que hay en la pica una cabeza).

MERCEDES. *(Con voz alta y cadenciosa).* Quiero besarla... Es la cabecita de mi novio Jorge Aguirre...
MARÍA SERRANO. *(Entre grito y llanto).* ¡Yo ya la besé...! ¡Es la cabeza del hombre que iba a ser mi esposo...! ¡Es la cabeza de Cinchonero...!

(Se desploma María Serrano. Cae la pica que sostiene la cabeza).

VUELVE A PASAR UNA RÁFAGA DE NOTAS FÚNEBRES ALETEANDO POR LA SALA MAYOR DE LA COMANDANCIA DE ARMAS.